What's in It for Them?
9 Genius Networking Principles to Get
What You Want by Helping Others Get
What They Want

超強人脈養成

減少無謂的社交成本，從認識自己、判讀他人到交心溝通，
現代人脈經營大師教你贏得好人緣的實證法則

喬・波力士 JOE POLISH 著
吳書榆 譯

獻給西恩・史帝文森（Sean Stephenson）、戴夫・克基區（Dave Kekich），和珍妮絲・多恩博士（Dr. Janice Dorn），這三位出色的人才，也是我親愛的朋友，對這個世界貢獻良多。

獻給跟了我超過二十七年的幕僚長尤妮絲・米勒（Eunice Miller）。

獻給食人魚行銷公司（Piranha Marketing）與天才網絡公司（Genius Network）的全體同仁。

Contents

第2章

你的「社交」有用嗎？

第3章

成為「別人願意接起電話」的人

第4章

三大法寶，贏得好人緣

第5章

究竟，你會不會交朋友？

第6章

如何成為「讓人想認識」的人？

第7章

用感激與欣賞，讓人脈複利

第8章

當下提供價值，就對了

第9章

想打造好人脈？善用面對面交流

前言

用對的方式和對的人，建立對的人脈

我在第一頁要先給你本書的全局觀：

人生與事業要成功，祕訣就是要學會與他人搭上線，並建立關係，但多數人都不知道如何做。

如果你聽過創業家說，他們痛恨「經營人脈」（或者，你本人就是說過這種話的創業家），原因通常只有一個：他們不知道正確的經營人脈方法。如今，講到「經營人脈」，很多人會想到：膚淺的對話、交易式的關係，以及急著要給人留下深刻印象，以從對方身上獲得好處的焦慮感。但經營人脈不一定是這樣，這也是你從本書會得到的大發現。

如果戴爾・卡內基（Dale Carnegie）沒有寫下經典之作《人性的弱點》（*How*

to Win Friends and Influence People），就不會有你手上這本書了。我很愛那本書，直至今日，此書仍是我的必讀。但隨著我在過去三十餘年，慢慢成長為創業家，我發現這本書需要大幅更新。我親身學到（而且吃了不少苦頭），僅靠「贏取友誼」和「影響他人」不足以得到成功和幸福。相反的，要贏取**對的**友誼與影響**對的**人，而且，一開始就要知道這些人是誰。你的人生愈是成功，這些技能就愈是重要。

我打造出一套架構，可以把對的人跟錯的人分開。任何關係，只要符合「小精靈」型（ELF，這是Easy, Lucrative & Fun的字頭縮寫，意指輕鬆、有錢賺又有樂趣）的人際關係，那就對了。反之，如果是「半吊子」型（HALF，這是Hard, Annoying, Lame & Frustrating的字頭縮寫，意指辛苦、惱人、無力，且讓人倍感挫折）的人際關係，那就是錯的。你的客戶和隊友要不是「小精靈」型的，要不然就是「半吊子」型的。過去，我樂於和「半吊子」型的人打交道。因為這些人脈伴隨商機，要很勇敢才能揮別這些人。但到了人生的此刻，我只願意投入經營「小精靈」型的人際關係。

我對你的期望，以及本書的宗旨是：改變你對於人際交流的看法，讓你在任何情境下，都可以用**對的**方式和**對的**人，建立**對的**聯繫。

要精於此道，關鍵是從一個簡單的問題問起：

對方能從中獲得什麼好處？

提出這個問題，就是把焦點從自己身上移開，轉向你對他人有何貢獻。你跳脫了經營交易性質人脈的心態，開始打造有轉化力量、深富意義與彼此合作的關係（順帶一提，這通常都是「小精靈」型的關係）。

再三提出這個問題，你就能知道別人需要什麼，出手幫助他們，讓他們的人生更美好，從而和對方培養出關係。從實際面來說，問出這個問題，能減輕對方的負擔。這樣一來，你也能成為具有吸引力的寶貴人脈，受人重視，而且別人也願意和你合作。你利用這種方式經營出的豐盈人際關係，能為你打開很多機會之門，也會減輕**你自己**的負擔，增進你的人生，並讓這個世界變成更好的所在。

在我們切入正題之前，你可能很好奇一件事：我是何人，又有什麼立場暢談這個主題？

我叫喬・波力士（Joe Polish），連名帶姓用英文發音的話，聽起來像擦鞋油

（shoe polish），就不會被誤認為波蘭人（Polish）了。我以前是個問題小孩、成癮者、大力推動戒斷的人、專業行銷人，凡此種種。如今的我，擁有亞利桑那州克利特鎮（Cleator）這座約近四萬九千坪的荒廢城鎮，也是虛擬實境公司天才X（GeniusX）的共同創辦人。然而，我最為人所知的，應該是我創辦了兩家全球最高階的行銷團體——「天才網絡」和「十萬美元小組」（100K）。這兩個團體的會員，每年分別要支付兩萬五千美元和十萬美元。此外，我也打造出「大師心態」（mastermind）模型，多年來採用過這套模式的人不計其數。而大家也稱我為「地球上人面最廣的人」（most connected man on the planet，這是別人說的，我是不會這麼自稱啦）。如今的我肩負雙重任務：我要培養出更出色的創業家，教大家擁有「小精靈」型的人生與事業；我也要改變世人的看法，讓大家從不同的角度來看待與治療各種癮頭。這兩件事聽起來相差十萬八千里，但對我來說，兩者密不可分。

這就是今天的我，但一開始的我並不是這個樣子。

我的第一份工作，是在亞利桑那州錢德勒市（Chandler），擔任一文不名的地毯清潔工人。

後來，我希望能擁有更好的未來，再加上沒有更好的選擇之下，我投入全部積蓄（一千五百美元），創立清潔地毯的公司。我很快就發現，清潔地毯是骯髒又辛苦的工作。隨著時間過去，我的業務也跟著改變，後來我不親自動手做清理的工作，轉向銷售和清理地毯有關的服務，最後又改為替企業銷售與行銷各式商品和服務，價值高達幾十億美元。

隨著我的企業成長，很多重要的時刻、心得與關係，也推著我繼續向前邁進。我把這些因素稱為「骨牌」，因為這就像骨牌一樣，每一次的經驗都會導引出下一個，不斷出現連鎖反應。

你永遠不知道一張骨牌，會把你帶到多遠的地方。我也希望，本書會成為**你**人生中的一張骨牌，這塊骨牌最終倒下，替你啟動一系列的變革與成就。

本書架構如下：

- 每一章都會探索一條根據神奇交心公式（Magic Rapport Formula），得出的核心交際原則。發明「神奇交心公式」一詞的人，是法碧安・佛若卓克森

（Fabienne Fredrickson），我在我的 Podcast《我愛行銷》（*I Love Marketing*）和共同主持人狄恩・傑克森（Dean Jackson）深入訪談過她。

- 每一章都會講到我和天才網絡會員的合作經歷，以及我生活中的小故事。你會發現你聽過其中的某些人。我提到那些人，是因為我認識他們、彼此有合作經驗，以及我從他們身上學到很多。
- 每一章都會摘要出關鍵心得，或稱為「推動人生的骨牌」。同時，也會提出問題，幫助你思考，這些原則如何在人生中發揮力量。
- 除了講述這些原則的優點之外，每一章也會點出，採用這些原則的缺點與潛在陷阱，讓你可以看清方向前行。每一章的結尾，都會有具體的演練與行動方針，我在天才網絡公司就用它們，來指導全世界最成功的創業家。其中有些做法可能完全不在你的舒適圈內，甚至出乎你意料，所以很多人連試都沒試過。我很清楚。但如果你嘗試，成果說不定會好到讓你嚇一跳。（之後你會感謝我。）

開始之前，我要先來一段免責聲明。首先，雖然本書談的是用善意和別人交流，但你可以依不同狀況，用不同的方式來詮釋「善意」，可以是很酷、很有趣、有魅力，甚至是愛挖苦人。重點是，要在對方可理解且可回應的層次上交流。

第二，關於本書提到的所有建議，都不是可以回答特定議題的「正確」答案。在十二步驟戒癮行為課程中，常提到：「取用你喜歡的，其他的放著。」如果想要得到最好的結果，請你用同樣的態度，來使用本書提到的方法。

重點是，要明白本書不只強調增進能力，也著重人格特質（自己和其他人），以及理解人格特質，如何營造出改變人生的人際連結。我會提供大量的實用工具與具體策略讓你成功，但我也要請你深入探索心理與情緒面向。

近來，我也做了大量的覺察練習。在寫這本書時，我才剛剛放完一場長達一年的人生長假，重新評估和省思這幾年來，我的人生、企業和人際關係成長了多少。我想要更清楚知道，我對於「對的人」有多大的貢獻，這樣我才更能和你分享相關知識。

我藉由提出「**對方能從中獲得什麼好處？**」這個問題，開啟我的事業。

多年後，我還在問同一個問題，但有些答案已經不一樣了。我希望這本書能啟發你，也開始問這個問題。

致讀者

以我的經驗來說，重視自我發展的人會大量閱讀，他們永遠在找新的想法和概念，讓自己成長、成就表現也更上一層樓。這本書就是為了這種人而寫的，但也稍有不同。

我在本書寫的一字一句，都是預設讀者，是具備良知良能的人。他們在意的是，要怎麼樣才能幫助他人、正確地付出。

秉持這種精神，我要請你花時間好好讀這本書。不要把這些想法，當成花招或是額外的加分項目。我希望你把這些理念都當成根本原則。

如果你把這些原則內化，整合到你的生活裡，你在經營人際關係、學習以及人際互動的效果會更好，而且幾乎人生每一個面向都是如此。

如果你吸收了本書的概念，也能幫助你從其他書籍，或是研討會、課程、自我精進活動當中，有更多收穫。同時，也會改善你人生的方方面面，理由很簡單：不管你做什麼，一切都和別人有關。

第1章

原來，「煩惱」是建立人際關係的契機

我不太記得小時候的事，但有三件事讓我印象深刻。

第一件事發生在我四歲時，我在床上跳，我父親近乎暴力地把我從床上拉下來。當時我們住在德州克爾維爾鎮（Kerrville），前面是我父親的鑰匙行，後面則是我們住的地方。那時我媽媽躺在床上，我想她希望我陪她一起躺，但我父親覺得我會傷到她。她得了卵巢癌，但我不知道。我只是想和媽媽一起玩。

第二件事是我、哥哥以及爸爸在醫院裡，三人擠在母親的病床邊。她裝了鼻胃管，對我們說了一些話，像：「要聽爸爸的話，要愛上帝，要乖，我愛你們。」那是我最後一次見到她。

第三段記憶是我爸爸靠著一棵樹在啜泣。那是很超現實的時刻，因為我想不起來我們身在何處，也不記得旁邊還有誰，我只記得他痛苦的不得了。我在旁邊安慰他，並感受到一股全然的失落。

如今我已長大成人，我知道，你永遠也說不準一個人會如何回應這些情境。我面對母親死亡與父親痛苦的態度很簡單：我只是希望能盡量消除父親的痛苦。除此之外，我也想安慰身邊的人。

舉例來說，我們家後面有塊地要蓋新房子，因此排好了時間要把那裡的一棵樹推倒。我認為住在那棵樹上的動物會死，所以，等那邊清空之後，我大步走到一台停在附近的推土機旁，想出了一個辦法：如果我可以把輪子卡住的話，這台推土機就動不了。要是機器動不了，就沒有辦法把樹推倒，動物就能活下來了。我跑回家，想盡辦法找來我拿得動的磚頭、玩具和空鐵罐，把這些東西堆在推土機的車輪下。

我的辦法當然沒用，也許我的玩具被輾壞，或送還給我，我不記得了。那棵樹倒下了，但這個結局只是讓我更加堅定。

很小的時候，我就知道我愛的人在受苦。無意之間，我便立志要在這一生盡可能用最深刻且最有意義的方式，去幫助別人。雖然我**自己**也承受痛苦折磨，但我選擇盡我所能，為身邊的世界帶來一些正面意義。有時候我會成功，有時候則徹底大敗。

就算我無法擋下推土機，但我用這種心態來做事。而我所有的成就幾乎都奠基於此：**別人有哪些煩惱痛苦，我又能幫上什麼忙？**

推動人生的骨牌：如果希望生活與人際關係都能更好，請學著問一個問題：「別人有哪些煩惱痛苦，我又能幫上什麼忙？」

要請你想一想的問題：想一想你的人生中有哪些很重要的人，並問問自己：「他們有哪些煩惱痛苦，我又能幫上什麼忙？」

煩惱痛苦的震央

在你有能力找出、並幫助煩惱痛苦的人之前，要先知道自己在找什麼。簡單來說，**煩惱與痛苦是同一回事**。

人的煩惱痛苦可能來自身體、情緒、心智或是性靈。還有，不一定是對宗教信仰很虔誠的人，才會感受到深刻的性靈痛苦。痛苦煩惱可能來自於憂心戰火下的人生、擔心壞天氣或是生理上的失能，這些是我們可以清楚看到的人生苦痛。但有些折磨傷痛，則不是那麼顯而易見。

羞愧、難過和後悔是情緒上的苦；焦慮、偏執和抑鬱是心智上的苦；斷絕、孤立和上癮是性靈上的苦。

想要清楚看到性靈受苦的樣子，看看癮頭還沒戒掉的人就知道了：

- 生理上仰賴毒品，一直覺得很不舒服？沒錯。
- 因為行為失控而損害人際關係並扭曲自我形象？沒錯。
- 心智上會遭遇多種問題，如焦慮、自戀和憂鬱？沒錯。
- 覺得沒辦法和自己、所愛之人以及整個世界搭上線？沒錯。

簡言之，到處都有煩惱痛苦，而且超過多數人的想像。

以生理層面來說，每個人都能理解煩惱苦痛來自何處。例如，你的手碰到很燙的鍋子、感受到熱氣，在手縮回前都會覺得痛。或者，要是吃不飽，胃裡的翻攪也是一種痛。

有些人會從更深刻的觀點來討論痛苦，比方說思想家兼作家艾克哈特·托勒

（Eckhart Tolle），以及禪宗的教義。從這個觀點來說，引起煩惱痛苦的並不是生理上的經歷，而是你對於經歷的想法、感受、信念和判斷。人會去詮釋與解讀自身的經驗，然後把煩惱痛苦投射到這些想法與說法、以及說法後續的發展上，讓折磨加倍，愈滾愈大。作家兼神祕學家內維爾・戈達德（Neville Goddard）就說了：「你絕對看不到外在的世界，只能看到自己對外在世界的回應。」除非你刻意留心你的回應和敘事，不然的話，很多的煩惱痛苦都來自於自身，但你卻不自知。

推動人生的骨牌：煩惱痛苦至少有一部分是觀點和心態造成的。不管是大是小，如果能全面地看到自己的煩惱，我們就有選擇：你可以繼續餵養痛苦，或者，也可以改變觀點。

要請你想一想的問題：你最揮之不去的痛苦來自何方？想一想你生命中有哪些事，讓你長期感到挫敗或備受挑戰，為什麼這些事仍然引發痛苦？

煩惱痛苦是壞事嗎？

我知道你怎麼想：他是真心想問這個問題嗎？

煩惱痛苦無疑不討喜。而且，當你身在痛苦當中，很容易也讓他人跟著痛苦。但究竟是好是壞，要看你怎麼想。

因為，**痛苦也可以帶來與他人建立起關係的機會**。

煩惱痛苦威力無窮，但也可以很有用處。比如，折磨帶來的不安，可以幫你脫離有害的人際關係與榨乾你心力的吸血蟲。或者，在不同的情況下，痛苦可以幫忙你和其他人建立深刻的連結，締結有益的關係。

少有人停下來想一想，人際關係是如何**形成**的，又是為了什麼**目的**。人會基於一個理由而建構出關係（通常是為了消除其中一方感受到的痛苦），但人與人之間的聯繫，通常會讓兩方都有所改變。

和正在受苦的人快速交心，會很自然帶動個人面與事業面的成就更上一層樓。

我的好友丹・蘇利文（Dan Sullivan）是創業家教練計畫「策略教練」（Strategic

Coach® Program）創始人，他說：「別人的壞消息是你的好消息。」身為創業者，你的任務是要減少或消除別人遭遇的挑戰。對受到「壞消息」打擊的人來說，你能捎來喜訊，提出解決方案，化解他們的煩惱。你是鑰匙，為他們開啟更有吸引力、更美好的未來。

而和他人建立起連結，也能幫助對方得到想要的，減少或消除他們煩惱的源頭。我要重複我在〈前言〉講過的話：一旦你與別人搭上線，你可以減輕自己的痛苦，增進自己的人生，擁有更豐盈的人際關係，並讓這個世界變成更好的所在。

那麼，你要如何才能扭轉煩惱痛苦，把它化為建立人際關係的工具？

推動人生的骨牌：只要煩惱痛苦能成為建立人際關係的契機，那就大有用處。

要請你想一想的問題：如果你能更理解對方的煩惱痛苦，能和哪些人培養出更深刻的關係？

好奇他人痛苦的實驗，看來成功了

回頭看我四歲時的記憶片段，已經年過半百的我有著截然不同的看法。

我父親大力把我從床上拉下來那天，我覺得受傷、尷尬、羞愧與惱怒。「我和媽媽在享受親子時光，老爸，你難道看不出來嗎？」

我爸爸顯然**看不出來**。他不理解那時我只想要和媽媽在一起。然而，當時僅四歲的我，也不理解我的父親。

爸爸在貧苦的環境下成長，身為九個小孩中的小兒子，他一直覺得很受罪。童年時候，他有好長一段時間都是關心別人的人，和受到關心的人之間，甚至形成「共生依賴」（codependency；按：指一方依賴對方，另一方則依賴「對方對自己的依賴」。雙方都讓對方繼續不健全的行為，形成失能的關係）的局面。他很早就入伍，退伍時飽受創傷，還有一點偏執。歷經這一切之後，他在和我母親相處當中找到了幸福，一直到她死於癌症，而他又一次成為家中唯一要去關心別人的人。

我母親死後，爸爸有時候會在肢體上、情緒上和心理上對我和哥哥施暴。他雖然沒有用菸燙我們的手臂，但他會用皮帶打我們，會大吼，還會不斷批評我們。不管我們做什麼，都不夠好。

即便他很嚴厲，我還是感受到爸爸**的確**愛我們、關心我們，想要好好撫養我們，我覺得他盡力了。因此，我沒有用憤怒或責難來對應他嚴酷的能量，反而是另謀他法，選擇了**好奇**。

我開始密切觀察他。就連我爸爸一副心事重重的樣子走來走去時，我也乖乖坐在他的店裡，臉上掛著燦爛的微笑。顧客會停下來對他說：「這真是一個開心的孩子！」

那當然不是真的，但這種話讓我爸的心情好了一點，也讓我有了喘息的空間。突然，我體悟到：我爸和我一樣，身在沉痛的悲傷當中，甚至有過之而無不及。我也觀察到，我光是笑一笑並說幾句好話，就可以化解很多事。即便我還不理解當中的巧妙，但我仍對這種事很感興趣。

長大之後，不管我到哪裡，我仍帶著微笑，給對方空間，並試著幫助別人。我注意到我擁有能影響別人的強大力量。我和爸爸、哥哥後來從德州搬到新墨西哥，剛開始我在學校怯生生的，也很不討喜，但我還是練習我這套方法：我仍對他人感到好奇。慢慢的，霸凌我的人少了，我也開始交到朋友。

我這套隨機展現友善的實驗，看來成功了。我發現，用最簡單的方法就能緩解大量的痛苦，這激起了我更大的好奇心。

我要怎麼做才能把傷悲轉化成歡愉，把憤怒轉化為興奮，把傷痛轉化為安慰？我開始捕捉到人際相處背後，微妙的互動關係，這是沒有人談過、但看來主導**每一件事**的平行世界。

推動人生的骨牌：成為能偵測他人痛苦的人，藉此與他人搭上線。先聚焦在他人和對方的煩惱痛苦上，之後再談你和你可能提供的解決方案。

要請你想一想的問題：一直以來，能夠理解他人的情緒，如何幫助你建立起人際關係？

四大步驟，理解他人的情緒氛圍

我的朋友唐恩．伍德醫師（Dr. Don Wood）同時也是天才網絡會員，過去曾是曲棍球員，後來轉做創傷治療醫師。他從小到大並沒有什麼創傷可言，成長於有安全感的環境，他不明白為何有人會這麼焦慮與恐懼。新婚時，他的妻子還活在童年陰影裡，他慢慢才理解到她對事情為什麼會有那些反應。他想出很適合的詞，來描述讓一個人變成現在這個樣子的因素，他說那叫**氛圍條件**（atmospheric condition）。他對我說：「如果你理解對方生命中的氛圍條件，你就能理解他們為什麼會做某些事，為什麼會有某些行為。」

要明白如何和他人建立起連結，這是一個重要的觀念，非常值得你去理解。因為，你愈是明白對方的背景，愈能和對方建立起良好的連結。有些人要花一輩子才領悟到這一點，但如果知道這個概念，可以加速你的學習速度。

我的成長環境，使我成為自然而然就能同理、能偵測他人痛苦的人，等我更年長之後，則轉而學習理解他人的氛圍條件。這是指，去好奇別人的思維方式。當然，這也代表了我想要找出，如何讓別人覺得舒適自在。但以我來說，這導致我壓抑自己的需求，讓人我之間的界線變得很模糊，而且多次遭人利用。

但事情不一定非得如此不可，你就算不是天生就能同理的人，也能因為有能力偵測出他人的痛苦而獲益。理解人的情緒從何而來，你就能和對方建立起連結。

我們可以透過幾個步驟，來理解一個人的氛圍條件，然後善用這項資訊培養出有益的關係。

一、要真心好奇

能偵測他人痛苦的人，永遠都能知悉別人的情緒，想知道對方有哪些故事，並以共同經歷過的苦痛串聯起彼此。**這是理解他人情緒氛圍的基礎**。也就是說，要對他人**真心感到好奇**，而且要願意出手幫忙。如果你把這裡當成出發點，好事就會接踵而來。

關於與他人建立連結這件事，人們很擔心的是不知道該說什麼。他們會卡在不著邊際的閒談裡，或者因為不知道如何傾聽、不了解如何真正做自己，而覺得很不自在。

如果你想一想這股不自在的情緒源頭，就會懂了。例如，要是你一直想著接下來要講什麼，你很有可能來自於防衛性很強或很封閉疏離的環境。你不是讓對話自行展開並向對方展現你的情緒，反而會有以下的表現：

- 一直在想你接下來要說什麼（或者對方會說什麼）。
- 擔心對話當中出現停頓。
- 忙著填補沒人講話的時候。

這一類對話，像是一個人對著另一個人大力推銷自己，會讓人覺得很不真誠。但「推銷」並不是問題所在，重點是當中沒有真正的連結。如果人與人之間的連結很真誠，那麼「推銷」就能帶來更深刻的轉變，而不只是利益交換。請記住，你不是重點，對方才是。

二、真誠推銷自己

我曾經問丹他怎麼定義推銷，他說：「推銷是讓別人在理智上接受，未來會出現對他們來說很好的結果，並讓他們在情感上願意採取行動，以達成這個結果。」有人覺得，推銷是一種操縱行為，甚至有一點邪惡的意味。但以丹的定義來說，推銷可算是全世界最正向的行為。不管你喜不喜歡，只要你和別人交流，就是**在**推銷自己。如果你推銷的不是**真實**的自我，那代表你在推銷的是人格設定，這是次級品，很可能不是你善於推銷的標的。你的產品品質取決於你是否清楚理解自己，是否誠實以對，以及是否把焦點放在對方身上。

當你在對話當中投入真實的自己，以善意表達你**真正的**意見，你就是把真誠的自己交出來給對方。你用非常實際的方式為對方創造價值。你先付出之後才來要求回報，這正展現了你與他人不同：你是要來幫忙的。最重要的，你是付出的人，而不是拿取的人。

三、溝通、建立連結與逃脫

如果雙方之間的交流目標，是要與他人建立聯繫或連結，只會有三種立場：溝通、聯繫，或試著逃脫。

要是你真正去做溝通，那代表你們是在交換能量和資訊。你們或許不完全同步，但雙方都做球給對方，有來有往。你們是在彼此探索，互相學習。

若你們是在建立連結，那又超越了溝通，與對方在更深的層次締結關係。你會在對方身上看到一部分的自己，兩人之間培養出相互的信任。你可以和對方更深入交心，並給予更多的安慰與溫情。

萬一你們既**不**溝通也沒有連結，那就只剩逃脫。你們有一搭沒一搭地互動，無論從大範圍還是小細節都看得出，兩方想要逃脫。

想一想，對方如何回應你說的話？他們是往前傾身，還是向後靠？他們會簡單回應，還是長篇大論？

如果你知道上述三種人際關係立場的差異，你就可以切換要說的話和表達方式，以更深入理解對方的氛圍條件。

四、問題不在於釘子

製片人傑森．黑德利（Jason Headley）製作了一部影片《問題不在於釘子》（*It's Not about the Nail*），點閱率達兩千萬次。如果你上網查一下，就會看到影片中，有一位女士在抱怨她頭痛欲裂，與此同時，有一枚釘子從她的前額突出來。她的伴侶試圖指出她頭上有一根釘子，她責備起他，說每次她希望他聽她說話時，他就只是「想著要如何解決問題」。

我們可以從這部影片中學到很多事，其中之一就是，對方向你表達某件事時，你可以選擇如何回應。

首先，你可以展現同理心，讓對方沉浸在自己的故事裡。或者，身為能偵測他人痛苦的人，你可以說：「你的頭上插了一根釘子，我們把它拔出來吧。」

如果同事抱怨快撐不住了，講到前一晚因為照顧生病的小孩只睡了一小時，一個能偵測他人痛苦、能體恤別人且有同理心的主管，不會聽聽就算了。主管會根據員工睡眠不足的原因判斷，有可能在不扣薪扣假之下，先讓對方回家休息。

有一種方法是直接叫員工：「回家補個眠。」另一種更高效的方法是說：「現在休息一下的話，會不會讓你更有精神去做該做的工作，不會筋疲力竭？」

要是你直接告訴對方，他們的腦袋上插了一根釘子，很可能說了不該說的話，逾越了雙方關係的界線。但如果你需要明說，那麼，愈早觸及傷痛點會愈好。

推動人生的骨牌：每個人的背景都不同，才塑造出他們目前的模樣，以及他們看待世界的觀點。不一樣的背景，再加上目前的生活條件與環境，建構出人的「情緒氛圍」。而學著理解一個人的情緒氛圍，有助於你更容易理解對方，並建立起關係。

要請你想一想的問題：是什麼樣的氛圍條件，成為你人生的煩惱來源？你想要和具備哪些氛圍條件的人，建立起更深刻的連結？

你在促進連結，還是造成脫節？

高一時我很努力經營高中生活，竭盡全力成為善良、樂於助人且能偵測他人痛苦的人。即便我這麼努力，我還是覺得與人脫節。

高二時，我的校園生活開始熱烈起來。那一年我去上了陶藝課，出乎我意料之外的是，我還滿喜歡的。害羞內向的我不愛運動，也不喜歡戲劇。我不喜歡學校裡多數的社團，但我知道一件事：製陶很酷。

靠著一雙手和手拉坏轉盤，我把一團濕黏土，捏成有模有樣的物品，幾個小時飛快就過，彷彿只有幾分鐘。捏陶時，我忘卻了煩惱，只隨著黏土律動。我很愛捏陶，做了整整三年。

再大一點，我開始吸毒與參加派對，這些是我用來面對所有難受情緒的辦法。另一方面，開始捏陶之後讓我麻痺了一部分的痛苦，也讓我變得沒那麼羞怯、比較外向且更有自信。

慢慢的，我的社交圈擴大了，也愈來愈受歡迎，但我不覺得和朋友很親。我們一起抽菸喝酒，但是沒有培養出深刻的聯繫，後者才是我真正想要找的。

即便當時的我並不了解，但陶藝課把我和真實自我**聯繫**起來，毒品則把我和自己**切割**開來。雖然這兩件事在我面對痛苦時，都可以產生相似的效果，但兩者可說是天差地遠。

要注意的重點是，人受苦受傷時，會想要找到可以寄託的對象。只要能緩和痛苦，不管什麼都好。然而，你找到的紓壓方案效果好不好、會造成什麼結果，端看背後的意圖是什麼。而且，有一大部分也要看你和自己之間的關係有多扎實，或是「連結」有多密切。當你和自己緊密相連，會覺得很富足，可以對身邊的世界**付出**。但如果你跟自己脫了節，便會覺得斷裂、不滿足。而為了填補落差，就會**伸手去要**。以我為例，我的辦法是**拿**毒品和酒精來麻痺痛苦，或者攀關係以**尋求**認同與地位。但我也能透過捏陶，對世界**付出**我的創意。

要分辨當中的差異有點困難，因為重點往往不在於你做了什麼，比較關乎你如何做與為何做。你可以**致贈**萬分昂貴的禮物，給同行最受歡迎的人，博得慷慨大方的名聲。但只有你在其他方面**也**很慷慨大方，你才能和真實的自己搭上線。我看過太多人捐款給他們漠不關心的慈善事業，只為讓自己看起來是好人，隱匿其他不道德的行為經歷。如果你知道自己不是表面上的那個人，所作所為只是想要自欺欺人，那麼，你的「付出」其實是在「**拿取**」，占別人的便宜。

重點不是要對什麼事都左思右想，或是分析再分析，而是要知道人與人之間的連結和脫節的微妙之處。要真正與他人**搭上線**，你要先打從心底和自己好好相處，接受自我所有的缺點。你在經營人脈時很可能風度翩翩、溫文儒雅，但如果你打從骨子裡認為自己配不上別人，或是你**必須**永遠迷人，不然的話別人就會感覺到或看透那個你不喜歡的**真實**自我。你會覺得和自己脫了節，最終，其他人恐怕也會對你疏離。

每個人對抗癮頭的方法，不見得和我一樣。然而，不管是面對自己**還是**他人，往建立連結的方向邁進、不再感到疏遠，都是很寶貴的原則。經營出強韌人際關係的道理很簡單：每個人都希望感受到連結，沒有人想被疏離。但要向外得到你尋求的連結，你也必須由內感受到和自己緊密相連。還有，你需要心在人在、抱持耐心和不斷練習，才能辨別真正的聯繫和脫節之間的差異。

推動人生的骨牌：「連結」和「脱節」有時候會讓人覺得很像，但兩者其實大不相同。請去找能讓你安心感受自身情緒的活動和人，避開要你壓抑情緒或抽離感情的事物。

要請你想一想的問題：哪些活動看來無害，但其實會讓你和自身脱節？哪些活動真的能讓你和本我連結？

要和他人建立連結，這三大元素缺一不可……

要和他人建立連結，需要平衡「信任」、「交心」和「自在」這三項元素。儘管這些元素聽起來都一樣，但其實差得遠了。此外，雖然這個主題通常談的是在和他人交流時，如何培養信任、交心與感到自在，但相關的原則也可以套用在和自己建立連結上。例如：你相信自己會成功嗎？你會和自己「交心」嗎？（你也可以用「自己有沒有幽默感」來想這件事——你認為自己有趣嗎？）你可以自在地接受現在的你嗎？

講到交心這個主題（包括與他人以及自己），我的朋友尼爾·史特勞斯（Neil Strauss）可以算是其中一位名聲最響亮的人了。他寫過《把妹達人1》（*The Game*）和《把妹達人3完結篇》（*The Truth*），後面這一本我也有參與。在《把妹達人1》裡，尼爾追蹤洛杉磯的「把妹達人」（pickup artist）社群，紀錄他們彼此之間的關係，以及他們和女性的交流狀況。隨著內容鋪陳，書中提出一條和他人建立關係時的簡單公式：「交心就是信任加自在。」

雖然從把妹達人的世界，去找交心的定義有點奇特。但事實上，如果把個人的企圖放在一邊，沒什麼人能像那群人一樣，鉅細靡遺地拆解交心如何發揮效果。有趣的是，他們之所以能做到那樣，背後的理由和他們受了很多苦有關，也關乎自我連結與自我疏離之間的差異。

尼爾花了很多年的時間探討與寫作，雖然他沒有太多和女性交往的經驗，但也從中成長了。他得出了結論，認定自己沒有「那東西」。而他指稱的是，能讓某些人順利和女性交往的天生魅力（少了「那東西」的人則四處碰壁）。他最早是從一位編輯那裡聽說「把妹達人社群」這件事，這位編輯希望他能根據那些人的心得，寫出一本實用手冊。尼爾拒絕了，他可是貨真價實的新聞記者。但他很寂寞，也很好奇，於是化名進入社群，希望自己更善於和女性相處，以強化他的自尊。長期下來，尼爾對於他遇到的那些人深感興趣，學到很多關於那個世界的點滴，後來寫成了《把妹達人1》。

在遇見他後來寫進《把妹達人1》的那些人之後，尼爾才發現，他以為自己一路以來缺少的「那東西」，其實並不存在。這不是一個東西，不是你要不就有、要不就沒有的特質，不是魔法。「那東西」其實是一套技巧，而且是**學得會**的技巧。

在他師法與描繪的社群中，他遇到的人都能詳細拆解「交心」這個概念，而這大多是出於必要。他們當中，有很多人覺得自己一直過著被排斥的疏離人生，引發了很多痛苦寂寞。因此，他們非常需要擺脫痛苦，也有強大的動力去學習如何和他人建立關係。（順帶一提，二〇〇〇年代初期，涉足這些社群的人，有很多都成為極出色的行銷人員，這一點應該不讓人意外。）

這個故事的巧妙之處在於，學習與外界建立連結，而不必處理內在問題以從正確的心態出發，確實**還是**有效的。但只有部分效果，而且只在短期有用。很可惜，到頭來，內在的斷裂脫節仍會困住你。

尼爾在書裡書寫自己也訪談他人，多年下來，他發現自身的不安與恐懼，才是一開始讓他如此深入「把妹達人」世界的理由。有一件事很少有人提（身為尼爾友人的我，可以在這裡大聲說），那就是他的自我覺察以及投入個人成長的決心，是讓他放下那個世界大步往前走的原因。

尼爾在《把妹達人3完結篇》裡，更詳細解釋他離開的理由。這本書講的是如何處理童年時期的痛苦，並去感受與自我之間的連結，以利你經營出健全、充實且可長可久的人際關係。本書基本上是《把妹達人1》的續集，並把剩下的故事說完：如果內在狀態不安定、也沒有與自我連結，只是利用強大的外在技能迷倒別人會很危險，甚至會造成傷害。

「把妹達人」一詞這幾年代表的意義不一樣了（而且你可以把時間用在更好的地方，不要只是想著把到更多妹），但這些社群找出來的心理原則仍極有啟發性，無論在人際關係和業務上都適用。

就算你不完全接納自我，也可以學會用比較好的方法和他人建立連結。而且，與他人搭上線，很可能**會**幫助你更能與自己建立關係。請記住：你在運用交心技能和他人建立連結時，背後的意圖很重要。如果你沒有察覺到這件事，局面很快就會翻轉，讓你陷入全然的脫節。我和尼爾聊到在寫作《把妹達人1》和《把妹達人3完結篇》的過程中，他學到哪些和「交心」有關的心得，他一言以蔽之：靠著交心來建立關係很好，但利用交心來操控他人就大錯特錯。如果想更詳細了解如何交心與培養自尊，你可以去聽一段我和尼爾比較長的對話（網址為 www.JoePolish.com/WIIFT）。

不管怎麼做，我們在和其他人交流時，**交心**是我們的終極目標。一旦雙方能交心，代表你們相處得很融洽。你知道對方喜歡你，也認為你是值得聊聊的人。

然而，多數人的問題是，不知道要怎樣才能走到那個地步，而且一路上都在走錯路。

我應該多講點笑話嗎？我應該多提點問題嗎？

我應該笑得更大聲，來回應**對方的**笑話嗎？

還好，我們之前提到的公式，可以幫忙回答這個問題。要交心，你們要先能自在相處並培養出信任。在這兩者當中，「自在」要放在第一位。

感到**自在**相對容易理解，這代表別人覺得和你相處很輕鬆、很自由；代表對方不擔心你會突然對他們大吼或出拳；代表他們知道，你不會為了讓他們及其友人尷尬，而故意說錯話，你理解他們的感受與需求。

多留意就可以快速醞釀出自在的氛圍，但信任呢？培養信任需要時間。

事實上，從某方面來說，信任等於「自在加時間」。我們可能在某個時間點，覺得跟某個人相處起來很自在。但我們要如何知道，這不是因為對方拿出最好的一面才有的結果？

如果對方給我們看的只是表面，那會怎麼樣？

萬一他們表現出來的風趣、善良或樂於助人，只是為了從我們這裡得到什麼，那會怎麼樣？

事實上，要長久下來，才能培養出深刻的信任。因為時間會證明一個人是否可靠。但就跟醞釀自在氣氛一樣，如果你的行為舉止不古怪、不粗魯、不打破人與人之間的界線等等，你也可以在很短的時間內，至少贏得別人的**部分**信任。

不意外的是，其中很多做法可以回溯到偵測他人的痛苦，但我還是要特別提出警告：無論你多有同理心、觀察多敏銳，第一印象能給你的資訊都很有限。

有些人很容易被看透，有些人需要時間相處才會展現全貌。還有，有時候你可能不喜歡自己看到的事。有很多人乍看之下很迷人、很有魅力，但最後才知道他們善於操控人心又很自戀。甚至，跟這些人來往還是非常危險的事。

就算是這樣，學習偵測他人痛苦，仍可以助你一臂之力，讓你判斷出什麼時候應建立連結，什麼時候又應切割。這也可以幫助你學會避開與遠離那些只想拿取、榨乾他人心力的吸血蟲，以及靠著耗損別人精力，來補充自身能量的能量吸血鬼，免得他們有機會來傷害你！

碰到這些人時，重點不是會不會有問題，而是何時會出問題。

不管是工作上還是私生活，你必定會受到一些操控，也會被占便宜。然而，藉由練習和留意，你可以培養出敏銳的偵測痛苦能力（這是很高深的洞察力）。你會感受、理解到某一段關係上的連結，是否能帶來自在、信任以及最終的交心。你很快就會知道對方是付出者還是拿取者，而你們的關係是促使彼此成長，還是利益交換。

要做到這一點，你可以採取幾項關鍵行動。很多人在無意之中就做到了，但如果要能真正評估情境，你需要更刻意運用這些方法：

- 認識一個人時，不要只談你自己和你的成就。**要向對方提問！**
- **別擔心先提到缺點或短處**之後，才講到自己的優點。這麼做會讓你更有親和力、更受人喜歡，也有助於培養出信任。
- **留心你的肢體語言**。你要常笑，看著對方的眼睛。而講話時站在稍微斜角的位置，不要讓人覺得你是來對質的。
- 等到你們之間的氣氛比較自在後，**講個笑話**（就算是爛笑話也無妨！）社交應該是很有趣的，不妨輕鬆一點。
- **放慢講話速度**，比平常慢一點。語速太快通常透露出你很緊張不安，這會讓對方起疑。

- **及早就請對方幫個小忙**，或是幫對方一個小忙。視情境擇一運用，但這兩種做法都會讓對方喜歡你。
- **認同對方！**如果對方講起他們的感受，不要去糾正對方或指出他們太誇大了。認同對方的感覺就好。
- **要誠實面對自己的感受和意圖**。人通常藉由你的肢體語言，來判斷你想什麼以及有什麼感受。因此，別怕親口說出來。

雖然每一種情境都不同，但在和別人對話時，應用上述的原則會讓別人覺得你很實在，幫助你們快速交心。一旦你做到了，接下來要做的就是經常露面，長期不斷和對方相處碰面。

推動人生的骨牌：要和他人建立起連結，信任、交心和自在缺一不可。雖然這三要素看起來很相似，實則完全不同。更好的是，你可以營造出這三要素。

要請你想一想的問題：在你目前的重要人際關係中，你可以在哪些地方培養出更深厚的信任、交心和自在？

毒蟲、落魄創業家與谷底翻身的祕密

回想過去年輕時的自己，我可以清楚看見一個發展軌跡：從四歲時微笑的我，變成害羞古怪的高中生，再成為後來的模樣。我先爆雷：我後來的模樣並不美好。

表面上，我努力做個開朗的人，散發出快樂的能量，這也對身邊的人事物產生正向的影響。但我掩蓋了內心的真實狀況，而我也沒有和其他人說。

旁人不知道我的母親發生了什麼事、我在家中過著什麼樣的生活，也不知道我大約從九歲開始就被人強暴、猥褻，還有人拿錢堵我的嘴叫我不准說出來。

我學到的是，就算我的體育不行、學業不行、演戲也不行，但我在吸毒和參加派對上**很行**。到最後，我時時刻刻都在亢奮之中。我連高中畢業典禮都沒參加，而是在朋友家的後院調製古柯鹼，對典禮冷眼以待。

畢業之後，整整三個半月，我每天都在調製與吸食古柯鹼，同時販毒來供養我的毒癮。我身高約一百七十八公分，過了一個星期幾乎不吃不喝的日子之後，瘦到剩約四十八公斤。有一次，我在同一天裡喝酒、抽菸、吸大麻、抽古柯鹼、製古柯鹼、吸冰毒和LSD迷幻藥，樣樣都來。我變成徹頭徹尾的毒蟲，這種生活不是一團亂可以說得盡的。

在這期間，我知道我要不就離開亞利桑那，要不然就沒命了。最後我收拾行李，開車前往新墨西哥，和我爸一起住在拖車裡。這麼一來，我就斷絕了所有舊日的人際關係，試著清醒過來（後來這變成一段長達六個月的苦戰）。

我做了很多臨時工、參加十二步驟戒癮行為課程，也大量運動，過了兩年之後，我發現我不想再替誰工作了。一個朋友說服我把所有積蓄拿出來（總共一千五百美元）投資機器設備和用品，自己開一家地毯清潔公司。我照辦了。

在夏日灼人暑氣中，我拖著機器，在浸過貓尿又沒有冷氣的公寓進進出出，我開始質疑自己的決定。畢竟，我對貓過敏。而且，不管我多努力工作，我的負債金額反而愈來愈高。

有朋友邀請我，和一群人去撒瓜羅湖（Saguaro Lake）騎水上摩托車，之後我的策略就改變了。朋友說，那裡有個很成功的房地產投資客。所以我想，自己可以從此人身上學到東西。（畢竟，當時的我很落魄，以至於休息一個星期六是很困難的事。）

我在湖畔，向這位坐在皮卡貨車尾板的先生，說明我的狀況：我在地毯清理業賺不到錢，不知道能不能投入發展比較好的事業。

「這一行裡有人賺到錢嗎？」他問。

我說有些人有。

「那問題就不在這一行，而在於你身上。」那天傍晚，我帶著嚴重的曬傷開車回家，發現他說對了。我和別人一樣有能力。畢竟，我都熬過童年了。我當然可以把地毯清潔事業，經營得有聲有色。

讀完更多和企業經營與系統性思考有關的書之後，我學到「把企業最好的部分系統化」可提升效率，這也激發了我的靈感。

我要把讓我賺錢的部分系統化，那就是：行銷。

我借錢聘用了一位文案人員，因為我想要製造大量一致的訊息，我們一起寫出了一些東西，後來成為我的第一封推銷信：〈消費者地毯清潔指南〉（Consumer's Guide to Carpet Cleaning）。裡面有講到，我從「如何聘用有品德的地毯清理人員」上，學到的重要心得。但這本小冊子，比較像我從偵測他人痛苦的角度出發，寫出來的應用文。

說起來，聘請有良心的地毯清潔人員，可不是件輕鬆的事。我的策略是不可欺騙或強迫客戶，我反而希望能教他們、幫助他們。我相信，如果我成為可以教育客戶的商家，他們就會信任我、和我交心，而我也會先為他們創造價值，再求回報。

從企業觀點來看，這套做法有用。六個月內，我就從每個月平均總收入兩千一百美元，成長到一萬兩千三百美元。到了這個時候，我不再只想著地毯清理業務，而是把重點轉向傳遞訊息和行銷，我的事業也開始茁壯。

但更重要的是，如果你會感覺到煩惱痛苦，你也可以感受到別人有待化解的問題。一旦你可以解決這些問題，你能做的事就多不可數，不受限制。這是事業與人生的基石。只要找到別人的痛苦點，並且營造出正向的空間，你就開啟了轉化的大門。好的行銷手法都會套用以下的原則，完全不著痕跡：找到對方的痛苦，成為橋梁，貼近他們的痛苦，連結到更美好遠大的未來。

世界上恐怕沒有完美的說法，來解釋「為何要在乎人」。但我可以試著告訴你我的版本。

其一，我有一個目標：我想要培養出更多知感激、肯同理、慷慨大方且能創造價值的人。雖然世間如苦海，但我希望能讓痛苦煩惱少一點。弔詭的是，這對他人來說是好事，但我自己也從中得到很多。事實上，這就是我一開始打造天才網絡的理由！

另一方面，對我來說，之所以要成為真誠和正面的人，主要還是要追溯到我小時候的發現：重點在於能量。

當你成為仁慈且正面的人，就能把正向的力量投入到這個世界，看著它激起陣陣漣漪。而你愈是這樣做，就會讓能量漣漪一圈一圈擴散開來，到最後回到你身上。但在那個當下，你也不知道這有何意義，或是如何扭轉你的人生。等到這些能量回到你身上，可能創造出讓人興奮、讓人謙虛，甚至讓人害怕的情境。對我來說，這是最刺激的事了。

我希望讀者能用以下的方法善用本書：為自己也為他人打造出最好的結果。

我最確定的一件事，就是減輕煩惱痛苦，是我人生的原動力。這也很可能是我的人生意義。或者說，至少，這是我努力營造的人生意義。

推動人生的骨牌：沒有萬能的魔法策略，可讓你隨時和每個人建立連結。但用策略性或買賣的角度，來締結人際關係，通常是輸家策略。反之，你要真誠以待，因為虛情假意長期下來對你有害。

要請你想一想的問題：你在人際關係中的哪些面向很虛假？有哪些部分是你今天可以鼓起勇氣，用更誠實與真心的態度去面對的？

推動人生的骨牌：

- 如果希望生活與人際關係都能更好，請學著問一個問題：「**別人有哪些煩惱痛苦，我又能幫上什麼忙？**」
- 人生或人際關係出現問題時，請記住**每一個人都有自己的苦，而且比你所知道的更常受苦**。這會讓你更有同理心、有培養人際關係的機會等等。
- **煩惱痛苦至少有一部分是觀點**和心態造成的。不管是大是小，如果能全面地看到自己的煩惱，我們就有選擇。
- 只要煩惱痛苦能成為建立人際關係的契機，**那就大有用處**。
- **成為能偵測他人痛苦**的人，藉此與他人搭上線。先聚焦在他人和對方的煩惱痛苦上，之後再談你和你可能提供的解決方案，不要反其道而行。換言之，僅想要把焦點放在自己身上的人，不會青睞本書。本書也不適合自戀者以及只想拿取的人。
- 每個人的背景都不同，才塑造出他們目前的模樣，以及他們看待世界的觀點。不一樣的背景，再加上目前的生活條件與環境，建構出人的「**情緒氛圍**」。而學著理解一個人的情緒氛圍，有助於你更容易理解對方，並建立起關係。

- 「連結」和「脫節」有時候會讓人覺得很像，但兩者其實大不相同。請去找能讓你安心感受自身情緒的活動和人，避開要你壓抑情緒或抽離感情的事物。
- 要和他人建立起連結，**信任**、**交心和自在**缺一不可。雖然這三要素看起來很相似，實則完全不同。更好的是，你可以營造出這三要素。
- 沒有萬能的魔法策略，可讓你隨時和每個人建立連結。但用策略性或買賣的角度，來締結人際關係，通常是輸家策略。反之，**你要真誠以待，因為虛情假意長期下來對你有害**。

演練與行動步驟

三個魔法問題，偵測他人痛苦

要探求到重點，你必須看透他人的表面。

如果你真心想幫忙某個人，就應該要成為追根究柢的人，而不能安於表象。換言之，要能偵測到他人的痛苦，代表著要找出根本問題點。

而要做到這一點，我會問對方三個重要問題。這是我的朋友肯恩．葛力克曼（Ken Glickman），在一九九一年時教我的：

一、你現在的狀況為何？

二、你希望達到什麼目標？

三、你要如何做到？

這些問題很適合用來找出，是什麼因素致使他人去做某些事，你又應該如何幫助他們。此外，也很適合用在你自己身上。就如別人可能沒有表現出最真實的一面，同樣的，我們也可能自欺。

簡言之，不管是私生活還是專業面，從這三個問題下手，可以讓人生心想事成。

打造專屬的天才網絡

幾年前，我聽到有人說，如果你不能用一張餐巾紙，就寫完一個概念，那可能不值得你去做。後來，我又接觸到已故的文案大師蓋瑞・哈爾伯特（Gary Halbert）曾說的：「只要有正確的銷售信，天底下沒有解決不了的問題。」

我要在這些雋語中，再加上一句：「只要有正確的天才網絡，天底下沒有解決不了的問題。」這是由人組成的網絡，組成分子各自具備技藝、能力與才華。你可以聯絡他們，尋求聯繫、靈感或解方。這些人可以幫助你解決問題、迎接挑戰與實現契機。

學習打造天才網絡，聽起來是很好的工具，但你可能會想：**這和煩惱痛苦又有何干？**

我要說的是，人和人之間要建立關係，幾乎都是為了要減緩某種程度上的痛苦。當然，以更大格局來看，有些痛苦很可能相對微不足道。以最極端的情況來說，假設有兩個寂寞悲傷的人剛好相遇了，兩人相處融洽，成了朋友。現在他們變成了二人組的「網絡」，緩解了彼此的孤獨。雖然友誼上的親近絕對不叫天才網絡，但背後還是有些共通的原則。

在天才網絡中，群組裡的人都緊密相連，想要為他人付出，而且很可能擁有世俗成就（無論這對他們來說代表什麼意思）。表面上，這些人看起來沒什麼痛苦，也沒什麼問題，但實際上並不然。有時候，他們的問題相對之下微不足道（比方說，因為不知道怎樣替自家企業聘用出色人才，而引發的「痛苦」），但有時候也會很嚴重（例如，罹患重病卻隱瞞家人，以及恐懼病痛引發的「痛苦」）。

換言之，如果從根本動機來看，加入一般的人際網絡，和成為天才網絡的一員相差不遠，因為兩種網絡都可以幫助你解決難題，替你自己和他人營造更好的經驗。主要的差異是，天才網絡更**刻意**。這些人聚在一起，是因為他們都有共同的企圖，要為他人**付出**，解決**具體**的問題，而不是只為了拿取。

當我想要解決問題、追尋機會，或是克服挑戰，我會問自己，我願意投注時間、金錢和精力的最佳人選是誰。為了解決這個問題，我會運用天才網絡的工具與思考模式，強迫大腦去搜尋解決方案。

「天才網絡」這個概念，並不是天上掉下來的。重點在於要讓自己**成為**天才網絡專家，有能力**經營**天才網絡，最後才能打造出一套天才網絡。

我這話是什麼意思？利用簡單的練習，我們很容易能想通：

一、拿一張紙，在中心畫一個圓。

二、在周圍畫八個比較小的圓。

三、在每一個小圓裡面，寫上你生命中最重要的人，總共八人。

四、在每個人的名字下方，描述他們的技能和能力。

五、現在想一想你能怎麼幫助每個人，再想一想他們能怎麼幫你。

我們會看到，當你被迫把清單縮小到只剩八個人，會發生一些很有趣的現象：誰會出線？

這項演練指出，經營天才網絡始於體貼，要知道你對身邊的人有何價值。之後，重點變成建立連結，並在網絡中普遍傳遞你帶來的價值。最後，則是要善用網絡來解決問題。正確的天才網絡，永遠是尋求解決方案的最佳工具。

想要善用這套工具，要先找到你想要強化哪個領域、滋養哪一份人際關係，或解決哪一個問題。接下來，要找出你生活中最寶貴的人際關係、對方想要什麼，以及他們有哪些能力。最後，則要判斷你要怎麼做，才對他們最有幫助。

丹在我們的 Podcast《十倍速暢談》（*10xTalk*）中講過：「除非你先提供價值給別人，不然你永遠都不應該期待會得到任何機會。」正因如此，你才必須思考自己可以為別人做什麼或付出什麼，而且對他們來說真正有用（這裡的關鍵詞是**真正**）。

這表示，不要一直想著會有什麼結果，或者要對方提供回報。這套方法要能成功，前提是你不能有單方面的「拿取」盤算。

本質上，「我的天才網絡」工具會迫使你去思考：

一、他們是誰？

二、他們想要什麼？

三、他們有哪些能力？

四、我還知道哪些訊息、我還可以怎麼做，對他們來說最有用處？

這是一套威力無窮的工具，但不可當作花招來耍。如果你不是真心誠意，就完全弄錯重點了。

唯有好好培養自己的人格、抱持良善意圖，並且以適當的行動貫徹到底的人，長期才能讓這套工具發威。某種程度上，這套工具要能發揮作用，需要你的全然投入。如果你願意這樣做，它會對你有很大的幫助。

第2章

你的「社交」有用嗎？

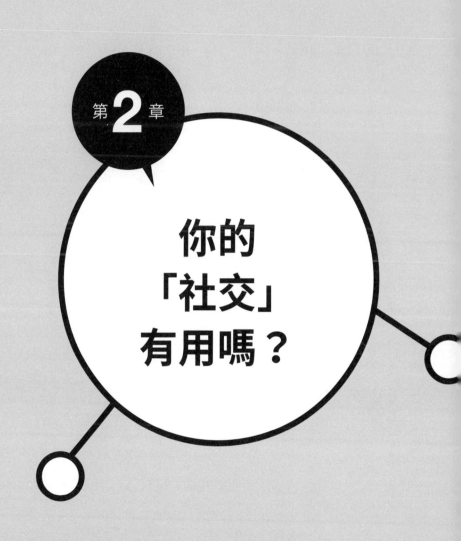

我曾經是很不一樣的人，經歷過很多種不同的生活，其中最知名的，是身為天才網絡公司的創辦人。

天才網絡是非常高階的創業群組與人際連結網絡，目標在於培養出更出色的創業家，透過「小精靈」型（輕鬆、有錢賺又有樂趣）的企業，來改變這個世界。這個群組和全球最出色的商業人才互相連結、彼此合作，創造出動能，為彼此和全世界做出貢獻。

簡言之，天才網絡的重點在於投資自己、你的事業和你的關係，藉此盡可能為全世界帶來正面影響。而要成為會員，要付出高額的資金，一年的年費從兩萬五千美元到十萬美元不等。

當然，有很多人付不起這麼高的費用，無法成為天才網絡的會員。但我遇到的每一個人，幾乎都希望自己更有能力建構與維繫強韌的人際關係。這是每個人必備的生活技能，而且每個人都能學會。

我達到人生與事業成功的第一項祕訣很簡單：我在人際關係中投入很多時間、注意力、金錢、心力和精力，任何方面都比不上，而且我盡可能長期這麼做。

人際關係如何構成？

我的好友羅伯特·席爾迪尼博士（Dr. Robert Cialdini）寫了很多本開創性的書，包括《鋪梗力》（*Pre-Suasion*）和《影響力》（*Influence*）。他享譽全球，是影響力領域最出色的專家，也知道如何用符合道德的方法，將影響力套用到企業中。他的人際關係知識極為淵博。席爾迪尼博士對我說過，與人建立連結意味著，在共同創造的經歷中，注入**合作**元素。

我的另一位朋友、精神科醫師愛德華·哈洛韋爾（Edward Hallowell），他寫了超過二十本書。他說，人際之間的連結，才是真正的維他命C。哈洛韋爾和約翰·瑞提博士（Dr. John J. Ratey）合寫了《分心不是我的錯》（*Driven to Distraction*），成為現代理解注意力不足過動症（ADHD）的基礎。哈洛韋爾在書中斷言，每個人基本上都需要與人建立連結，才能生存下去。一言以蔽之，這兩位天才要傳達的是：人際關係就是**合作性的連結**。

透過連結與合作，就能集結彼此的能力、關心、溝通、背景、理解、憐恤和關懷，創造出新事物。人際關係本質上很有創意，從某種意義上來說，甚至極具藝術性質。

要定義什麼叫「藝術」，以本書來說是太重大的任務。一般而言，我們認為，藝術是一種不拘泥於形式的表達方式。而藝術家是指，擁有這股**表達**能力的人。在這些定義下，事情就有趣了。

無論是歌手、演員、作家、表演者或是運動員，世上許多最受崇敬的人物都很有**表現能力**。他們的創作，可以讓觀眾的內心掀起強烈的情緒。而這種能力並不限於一般所想到的藝術才華，非凡的創業家也可以是企業藝術家。舉例來說，賈伯斯之所以偉大，有很大一部分是因為他在行銷、包裝、定位和領導方面，極具藝術才能。

人際關係關乎連結，連結則關乎**表達**。而表達指的是，要用開放、溝通與自在的心態，讓身邊的人理解你們想要什麼，以及你們要怎麼做，才能達到目標。而追求共同目標的關係，連結最緊密。在某些情況下，是「喜悅」促使我們達成目標。比方說，兩個人都對繪畫抱持熱情，推動著彼此不斷嘗試，力求精進。而有時候，是「痛苦」鞭策我們完成目標。這也是十二步驟戒癮行為課程的重點。

無論共同的羈絆是什麼，聯繫都是人際關係中的關鍵。當然，要安然走過情緒的高低起伏，並非易事。

推動人生的骨牌：無論你的專業或興趣是什麼，每個人都可以靠努力，精通「經營人際關係」這項生活技能。人際關係關乎連結，連結則關乎表達。一旦你能開誠布公且善於表達，就能與他人齊心協力實現目標，創造更深遠的影響。

要請你想一想的問題：想一想你欣賞的人，他們在表現能力和開誠布公方面，有沒有共通點，是你覺得自己做不來的？是什麼原因阻礙你，讓你無法在重要的人際關係中，展現相同的行為？（範例可以包括：公開演說、唱歌、表演單口相聲、藝術、音樂、舞蹈等等。）

關係，就是金錢

你應該聽說過「時間就是金錢」這句話。但對我、以及世界上任何認為「快樂且有所成」才叫真正成功的人來說，**關係**就是金錢。兩者之差很重要。因為很多人財務上很成功，但是和其他人脫了節，他們會是你見過最不快樂的人。

從許多方面來說，經營事業、打造財富跟經營人際關係，是並駕齊驅的。因為要做好這兩件事，背後的思維很類似：你必須是長期投資人，才能看到實質的成果。

經營絕佳的人際關係，就和累積龐大財富，或發揮重大社會影響力一樣，都要從心態開始。把關係當成交易的人，會用利益交換的思維，來經營人脈。相反的，用長期觀點看待關係的人，他們的行事作風，就彷彿自己經營的正是人際關係業務。

我們可以用另一種方法，來思考「交易式關係」和「轉化式關係」的差別。兩者的不同之處在於，前者是**花費**，後者是**投資**。聽起來也許有點像，事實上天差地遠。花費指的是為某項事物支付必要的成本，但成本通常不討喜。投資則採取長期心態，累積出正向且有創造力的能量。

如果你想要尋找並結交對的人，用花費的心態不會有結果。靠著短期利益的交換來維繫關係，會把你消耗殆盡。只有一種方式，能讓交易性的人際關係維持下去，那就是找到愈來愈多能占便宜的對象（受害者），但這通常會反噬在關係中拿取的人。用這種方法經營人際關係的人，在每一次和他人交流時，心態都好像是長途旅行時，不得不在中途的廉價旅館留宿一夜。人生或許是一場旅程，但一路上至少會遇到應該成為同行伴侶的人。

而投資心態比較像你經常光顧在地餐廳，餐廳老闆認識你一家人，員工也是你的朋友。你連菜單都不用看，因為服務人員知道你會點什麼。

在人際關係中投入時間、金錢和能量，意味著要把每一個人當成投資，而不是成本。這方面是很微妙的。因為如果你太小氣或不願意付出時間、注意力、金錢、心力和能量，就無法得到你想要的豐盈生活與深刻人際關係。但要是不用心，隨意把這些資源花在你遇到的任何人身上，同樣也一無所獲。

就像做其他事情一樣，要有成效，你需要一套良好的架構。幸運的是，講到人際關係，你需要的架構也只有一句話。

推動人生的骨牌：相較於短期花費心態，從**長期投資**觀點出發，能建構出最好的人際關係。而你在人際關係中，所花費或投資的資源，指的是你的時間、注意力、金錢、心力和能量。

要請你想一想的問題：在對你來說很重要的人際關係中，有哪些部分你是用短期交易心態來經營？如果你改採長期投資的思維，會有什麼改變？

做出「讓船速更快」的選擇

二〇〇〇年，班恩・杭特—戴維斯（Ben Hunt-Davis）成為英國男子划船國家代表隊的隊長。而不管是在比賽、練習，還是生活中，做任何決定與行為之前，班恩都會問團隊一個問題：「這能讓船速更快嗎？」如果隊員在受訓前一晚，想去酒吧坐坐，他們會自問：「這能讓船速更快嗎？」要是答案為否，他們就不去。（這裡有一個訣竅：如果必得問這個問題，答案通常為否。）

這個問題改變他們的行為，也讓他們在二〇〇〇年的雪梨奧運上贏得金牌。如果你想要在人際關係中贏得金牌，可以套用相同的策略。

在做任何事之前，先自問：**這能讓這份關係茁壯嗎**？

建立起連結是好事，但良好的人際關係也關乎成長。在你種下時間、注意力、金錢、心力和能量的種子之後，不能就走開放養。如果想看它們茁壯成粗壯的大樹，要勤於澆水，時時照料。

當然，我必須先說，你**付出的心力不一定能長成相同的成果**。你有可能種出高大的榆樹，但也有可能培養出侵入重要器官的癌症。成長不見得就是進步，也不見得都有用。重點是，要確定在你傾注資源之後，這段關係對雙方都有益，不會造成傷害。一旦你決定付出心力去培植人際關係的樹，之後必須常常檢查是否有結果。從高中開始，我就為此吃足了苦頭，才學到這一課。

我還到處參加派對時，我和朋友佛瑞德的關係，就像是電影《開放的美國學府》（*Fast Times at Ridgemont High*）裡講的那樣。佛瑞德開著一台福斯廂型車，我們直闖校園吃午餐，亢奮得不得了。後來佛瑞德自己開車跑掉，留我一個人在停車場，這是第一次出現警訊。我甩甩頭，假裝他只是在惡作劇。

幾天後，我正要去置物櫃時，看到一個人從旁邊朝著我走過來。我一轉身，佛瑞德就朝著我眼睛上方揍了一拳，我跌到在地。他跳到我身上，一拳一拳揍我，當時我只有一個念頭：我跟佛瑞德應該是朋友才對吧。

我們的關係或許算不上深刻，但我也投入了大量的時間、注意力和精力。我們的友誼以毀滅性的方式生長，讓他覺得在我的置物櫃前，跳到我身上揍我沒什麼大不了。

我從中學到重要的一課，是要慎選與誰相處。好消息是，你不用等到被所謂的「朋友」痛毆，現在就可以好好評估你的人際關係。

- 如果你投資新創公司，你投入更多資金的同時，公司有隨之發展嗎？還是說，那些創辦人只是在燒你的資金與耗用你的注意力，卻沒有創造出任何回報？

- 你的策略性商業夥伴有為你打開另一扇門、讓你看到新的契機嗎？還是說，你為了帶業務給他們，犧牲了重大的個人利益？
- 在你的友誼關係裡，你有獲得對方同等的支持與尊重嗎？還是說，只是你單方面在傾聽對方的問題、成為他們的救火隊，但他們卻不太願意聽你說？

你應該如何配置時間、注意力、金錢、心力和能量，原則很簡單：任何人際關係都有內建的回饋機制，那叫做**成長**。只要你投入更多，任何關係都會成長壯大，不管正面或負面。

問題是，你們是往正確的方向一起成長嗎？還是，關係急劇惡化、陷入惡性循環當中？這些人際關係衍生出哪些結果，或締造什麼成果？有沒有引發內在或外在的轉變？如果忽略成長帶來的回饋，你就會受苦。請做出能讓船速更快的選擇。

推動人生的骨牌：請用一句話，來評估你在人際關係裡的所作所為，那就是：這會讓關係茁壯嗎？「成長」是人際關係裡的內建回饋模式，會揭露關係的健全度。但成長有正向的，也有負向的。請滋養正向的成長，淘汰負向的成長。

要請你想一想的問題：你至今擁有過，讓你改變最多的轉化性關係是什麼？這份關係帶來了哪些成長？

「對人好」的無窮潛力

你的時間和能量能給世界帶來多大的影響力，絕大部分要看你怎麼運用。如果你講的是對方不在乎的議題，你會看到對方無精打采。但要是你說的話和做的事能助他們一臂之力，你會發現他們散發光芒、神采奕奕。

在人際關係、及其對世界造成的影響當中，都蘊含能量。而這股能量的流動，具有靈性的成分。我們會把能量想成是儲存起來的燃料（就像汽油一樣），但能量其實也具有擴張與收縮的特性。一旦你想要放大某個人或情境的能量，就會創造出極強而有力的網絡效應。

有一天，我準備要去開車，有一個理平頭的彪形大漢走了過來。

「你是喬．波力士嗎？」他的聲調很柔和，「很高興見到你。」

「請問我們認識嗎？」我小心翼翼地問，因為我注意到他看起來很壯。

「不認識。」他說，「我是醫生，大約二十年前我有聽你的《食人魚行銷》有聲書。」他講的是我們在二〇〇四年推出的計畫，由南丁格爾－科南特集團（Nightingale-Conant）發行的《食人魚行銷》（*Piranha Marketing: The Seven Success Multiplying Factors to Dominate Any Market You Enter*）。「你在我的事業發展早期幫了大忙。我不想打擾你，只是想讓你知道，你改變了我的人生軌跡。人永遠都不知道自己會對別人造成什麼影響。」

他的心得讓我很意外。畢竟，把重點放在好的人際關係可以**為自己**做什麼，是很容易的事情，但除此之外呢？你還可以**對他人**或**為了他人**做什麼？大家幾乎都聽過一段話：「得意時要善待身邊的人，因為你失意時會碰到的也是這些人。」多年來，我和很多人分享過這段話。

對於我見到的每一個人，我都以日後還會相見的心態相待。我盡量留下深遠的印象。而且，只要做得到，我會想辦法讓每一件事在我離開時，比我還沒來之前更好。因此，我創造出的最正面影響力，都不是出於再三算計的策略性決策，而是自然而然出自前述我所秉持的簡單原則。

基本原則是這樣：不管你去哪裡，請盡可能傳播愛與正向力量，不要只想逃開幻想中將來會出現的懲罰。你不知道這些正面力量會對其他人與世界，造成多大的影響。通常，我們小小的努力創造出的效果，可以傳播到很遠的地方，超過我們所想。

推動人生的骨牌：由深刻人際關係締結而成的網絡，能創造出強大、不斷成長的影響力。這正是天才網絡的經營理念，而你也可以套用相同的原則，去創造屬於自己的網絡。

要請你想一想的問題：你是否曾受到其他人的影響，從而改變人生？就算是你不認識的人也沒關係。

生命會為付出者付出

到目前為止，我們知道了：

一、你要透過深入的連結，來建構人際關係。而要培養出深刻的連結，則要靠以誠實和開放的心胸待人，並把時間、注意力、金錢、心力和能量投資在他人身上。關鍵是要把寶貴的資源，投入在**正確**的人身上。為了幫助你做到這一點，請用能量收縮和擴張的概念來思考你的資源，而不要想成一個儲油槽，只有裝滿或空著的狀態。例如，你的關係會讓你的能量擴張還是收縮？回過頭來，你如何拓展或限縮別人的人生？

二、你可以用關係中內建的成長回饋機制，來做衡量。**回饋**一詞隱含了你的投入，會以某種方式回到你身上，不管是正面還是負面。而對雙方來說，強韌的關係會往好的方向發展。

現在，讓我們在天才網絡中，加上第三項重點：

三、**來自**關係的回報和關係**本身**的回報，是不一樣的東西。理解當中的差異，是了解如何配置時間、金錢和能量的關鍵。

我們要問的第一個問題，是質化的問題：「如果我投入了時間、金錢和能量，我能不能從這份關係當中得到回報？」

第二個則是量化問題：「現在我要做的決定是，為了從這份關係**本身**得到回報，我應該投資多少時間、金錢和能量？」

這兩者的差異是，一邊講的是只把優質的人納入你的網絡當中，另一邊講的是要用有益的方式和這些人互動。你要尋求的，是天才能得到的回報。天才網絡之所以寶貴，也正是因為這個理由。（也因此，我請你在第一章做的演練，就是去勾畫自己的網絡。）

如果能在人生中擁有一套天才網絡，你就可以更快從關係本身得到回報，並去善用人脈潛藏的卓越才能。若你的人脈不願付出、無法隨機應變、不精明，也沒有以解決方案為導向，你就無從想像這樣的可能性。

而「天才」帶來的回報，就相當於「好名聲」能帶來的回報。如果大家都知道你很能幹、關心別人而且慷慨大方，你身邊有愈多和你目標一致的人，就愈能擴大你的名聲。這條公式很簡單：**你做愈多好事，就得到愈多好處**。

有一句話我說了很多年了：**生命會為付出者付出**（Life gives to the giver）。這也是我一本書的書名，你可以從網站上免費存取（網址為www.JoesFreeBook.com）。

如果你給了別人對的東西，生命也會給你豐盈的回報。如果你給別人錯的東西，生命也會有回報，但那可能不是你想要的。

天才網絡是一套匯集才能的網絡，你結合了愈多能手，就愈有可能因為這些高手彼此合作和連結，而得到回報。任何擁有天才網絡的人都可以證明，由深刻人際關係締結而成的網絡，可以創造出強大、不斷成長的影響力，遠超過單打獨鬥。

天才網絡會員傑森・佛拉德林（Jason Fladlien）這樣說我在這裡所做的事：「你把獨角獸都集結在一起。」如果只有一隻獨角獸，但周圍都是蠢驢，獨角獸就會很可憐。我找到很多獨角獸，互相介紹他們認識。而在這些獨角獸齊心協力之下，就能改變世界。

推動人生的骨牌：所謂「天才」，指的是你人脈網中，潛藏的能手與人才。因此，若有許多正面、且不斷成長的人際關係，就能從中獲益，享受「天才」帶來的回報。然而，要得到回報，必須是真誠且互利的關係。

要請你想一想的問題：以你在人際關係裡所做的投資來說，你得到哪些回報？你是否已經擁有屬於自己、且能持續創造報酬的天才網絡？

問問自己，是否踩了這十二大社交陷阱

到目前為止，關於如何建立連結、投資你的能量、培養關係，以及對世界發揮重大影響等基本功，都和人際關係中好的一面有關。當然，人際關係中也可能有不好的那一面。我參加了十二步驟戒癮行為課程，這幫助我戒掉毒癮，也改變了我看待自己和世界的眼光。為了向這套方案致敬，我也編製了一份清單，列出你在人際關係中要避開的十二件事。它們很可能導致你在無意中，用錯誤的方式投資時間、金錢或能量。而這些都是我踏過的陷阱，所以我很清楚。我在錄製Podcast和訪談時，和許多很聰明的人暢談過這些主題。請上我的網站（www.JoePolish.com/WIIFT），了解更多資訊。

時間陷阱

一、把你的渴望、成長、才華和能力，交由別人決定：如果你不知道自己擅長

什麼，或者，要是你沒有培養技能，無法擁有自由度和自主性，就會發生這種事。你要知道，「練習」和「表現」是有差別的。職業運動員為了一場比賽而練習的時間，絕對遠超過上場的時間。人生有很多階段，需要學習、發展並努力精通，要肯去學如何巧妙運用時間。但要注意的是，一旦完成所有準備工作，就要調整心態，認可自己的價值。如果你從不認為自己是專業人士，就算你具備技能和潛能，也會卡在平庸的關係與成果上。

二、**過度承諾**：你愈是有遠見或創意，就愈容易認為自己能做更多事，最後超出負荷。因此，你要練好分析能力，好好算一下不同任務需要的時間。以下規則對我來說很有用：承接新任務時，計算一下必須動用的時間、能量和金錢，然後把數字加倍。大型任務需要的心力，通常會比你設想的多兩倍。以我的事業來說，如果我早一點理解這件事，可以省掉好多麻煩。如果能務實看待投入特定專案所需的資源，就會愈來愈精挑細選，決定要答應誰去做什麼事。

三、**混亂失序**：如果擁有或消費太多東西，就得持續關注圍繞在身邊的事物。要當心日積月累的結果。你擁有的東西，是不是反過頭來控制你？一旦時間和注意力被分散，就不可能和任何人建立深刻的關係，遑論深入理解任何事。凡事只能點到為止。所以，在投資人際關係時，深入永遠比淺嘗更好。請在報酬會不斷倍增的地方投資。

四、**總是應承**：評估機會時，列出一張「不做清單」，遠比編製「待辦清單」更重要。年輕時，看到機會就躍躍欲試、一衝而上是好事，但做太多或太常這麼做，會把你拉離正軌。事先知道你「不做什麼」可以節省時間，也不用花這麼多精力做決策，並能聚焦在生命中最重要的事物上。你要多努力，更常拒絕別人。我的朋友德瑞克・西佛斯（Derek Sivers）就說了：「如果一件事沒辦法讓你覺得『天啊，這真是太棒了』，那就拒絕。」

能量陷阱

五、**睡眠不足**：要怎麼靠著解決一個問題，來解決五個、十個，甚至一百個問題？答案是，擁有更充足的睡眠。解決睡眠不足的問題之後，你的能量會加倍，注意力也會更集中，這能解決生活中的無數問題。不要小看睡眠的威力。

六、**營養不良**：補充身體能量的方式很重要。無論是吃的食物、喝的水，還是運動狀態，對能量來說都非常重要。人就像其他生物一樣，身體要健康，就需要適足的水分、營養、運動，和長時間待在戶外。當你更健康，身邊也會有更多優質的人。

七、**身處錯誤的環境**：一旦處於不對的環境，周遭的世界會消耗你。相反的，身在對的環境，則會讓你精力充沛。想一想，你的環境能為你帶來活力嗎？你的環境能讓你愈來愈正面嗎？

八、**吸血蟲、寄生蟲和酒肉朋友**：在你成功之後，如果身邊圍繞的都是不對的人，他們會壓抑你的能量，病態依附在你身邊，害你過度努力，愈活愈不像自己，並引發你心中的罪惡感。當然，如果萬事順遂，大家都很好相處，因為他們可以從你的成功當中撈到好處。等到狀況不好時，等著瞧還會有誰在吧。生命中總有一些人，是你是「同類人」時可以意氣相投。但一旦你更成功或超越他們，對方很快就翻臉變成死對頭。因此，請把精力投資在，不管怎麼樣都會展現愛意、欣賞與支持的人上。而要區分酒肉朋友和真心的朋友，需要多下工夫。

金錢陷阱

九、**花錢時漫不經心，甚至涉入賭博：**胡亂隨意的花錢方法，完全說不上有什麼策略。講到金錢管理，請避開賭徒心態。不管是真金白銀還是虛擬貨幣，投資之前請務必做好實質審查。投資你信賴、不會擔心的人。避開濫開支票、讓人心生警惕的人。

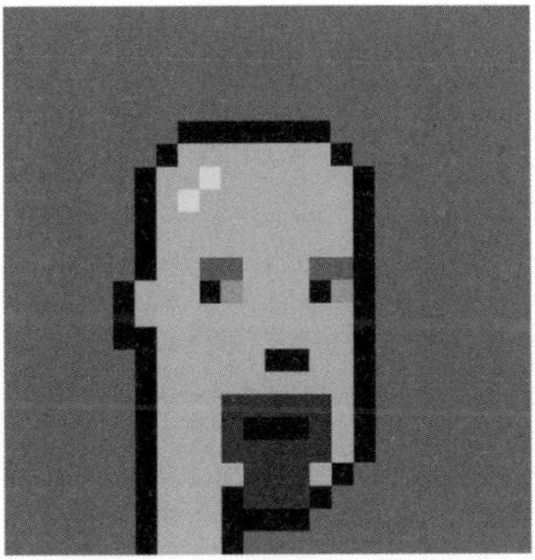

上圖是早期知名度很高的CryptoPunk，發布於2017年。這是我自己的NFT收藏品。看得出來像誰嗎？

十、**沒有好好保護你的錢：**你要妥善管理、好好保護你的錢，這表示要深入了解保險、法律架構和稅務等議題。在接下來十年，人們會在加密貨幣與區塊鏈的世界大賺大賠，更別說還有其他我們現在聽都沒聽過的東西。（我在寫這本書時，NFT正火熱，但等到你讀到本書時，誰知道會怎樣？）請把心力放在合作性的人際關係，避開顯然很危險的互動關係。

十一、**輕忽負債**：要分清楚賺來的錢和借來的錢。扼殺成功的一大殺手，是你無法擁有自己的未來。如果你要靠別人的資金才有未來，不要以為你可以完全掌控，而輕率行事。借錢時要審慎，找對的人借。不然的話，你就會欠了不對的人債。

十二、**想盡辦法讓他人讚嘆**：如果付不起，你還會買名車、豪宅、華服，或是追求社群媒體上的地位嗎？這些行為的根源，都是忌妒其他成功的人，面對這些人會讓你覺得不安。但這種態度會讓人心生迷思，或是在財務上輕率行事。因此，請減少對金錢的依賴，多以智慧、才華為基礎，同時和對的人建立連結。生計比描繪假象更重要。你要對任何注重地位的人提高警覺，設法避開。

在你披荊斬棘時，上述十二項提醒就像是探照燈一樣，替你照亮要避開的地雷。其中的任何一項，都有可能變成你的致命傷。雖然不見得每一項都和你有關，但知道該注意的地方，長期對你大有助益。

推動人生的骨牌：維繫人際關係時，最嚴重的危險與陷阱，幾乎都來自於錯誤管理三件事：你的時間、能量和金錢。

要請你想一想的問題：在這十二種危險因子當中，哪些與你最切身相關？

找到心流，讓人際互動「有樂趣」

我的朋友丹會問群眾有沒有海泳的經驗，如果有人舉手，他會問：「等你游完上來，如果有人問你海泳好不好玩，你會說『很棒，但有一大部分的海我都沒有游到』嗎？你需要多少海水才能游泳？」

如果你生活中，每一件事講的就是要增添價值或複製機會（那就好比擔心沒有游到**整片**海），你會在不知不覺變成只思考利益交換的人。例如，你因為水療很放鬆而愛上水療，又因為愛上水療，而創辦水療公司，就會發生這種事。忽然之間，你再也無法放鬆了。所謂妥善經營人際關係，有一部分就是要找到心流，善用時間以得到你想要的，並好好管理自己，不要油盡燈枯。

我訪談過身價幾十億美元的大富翁理查・布蘭森（Richard Branson）很多次，其中一次他說，如果他一天健身一小時，他在心理和生理上都會覺得多賺到四小時的產能。如果你經營人際關係的方法對了，你投資的時間、注意力、金錢、心力和能量，應該會讓你有這種感覺。

經營人際關係沒有不出錯的完美方法，也沒有正確的清單告訴你要去認識哪些人。我們總是錯失良機，也總有更好的方法來運用時間。但說到底，你快樂嗎？你的生活過得好嗎？你有沒有學習並拓展自己？最重要的是，你的人際關係能帶來**樂趣**嗎？應該要的。人會去找自己喜歡的人作伴，也會跟喜歡的人做生意。有些人可能跟自己不喜歡的人有業務往來，但通常是因為他們別無選擇。只要他們有選擇，就會去找能解決他們的問題，**而且**相處起來也很開心的人。無論你走到哪裡，這個道理都通。

人生的重點就在於和他人建立聯繫，但也要**切割**不值得你真心相待的人。在這趟人生旅程當中，你會明白你永遠都有權離開。然而，如果別人**離開你**，你也要特別注意。萬一這是不斷重複的模式，更要當心。

如果你不希望某些人離開你，那你就要做一個關心別人、有用的人。請成為其他人願意與你建立聯繫的人。隨著你經驗愈來愈多、日益成功，你會驚訝地發現，人生賽局多關乎善良、開放和合作。

而且，這些都是可以培養出來的技能。我怎麼知道？這是因為，我從小就是個非常害羞、內向和超級彆扭的孩子，我很怕跟人說話，自尊也很低落。但我明白，如果我能不斷學習、成為有用的人，就能克服很多恐懼。我從未想過這股渴望，居然可以把我帶到這麼遠的地方。我學會成為一個有用且關心別人的人，你也可以。

推動人生的骨牌：要正確看待人際關係，重點在於找到心流，而不是遵循特定的規則。最重要的是，人際關係應該要能帶來樂趣。

要請你想一想的問題：你要如何才能讓人際關係更有樂趣、使互動更順暢無礙？你要消除哪些不必要的摩擦？

推動人生的骨牌：

- 無論你的專業或興趣是什麼，每個人都可以靠努力，精通「經營人際關係」這項生活技能。人際關係關乎連結，連結則關乎表達。一旦你能開誠布公且善於表達，就能與他人齊心協力實現目標，創造更深遠的影響。
- 相較於短期花費心態，從**長期投資**觀點出發，能建構出最好的人際關係。而你在人際關係中，所花費或投資的資源，指的是你的時間、注意力、金錢、心力和能量。
- 請用一句話，來評估你在人際關係裡的所作所為，那就是：這會讓關係茁壯嗎？「成長」是人際關係裡的內建回饋模式，會揭露關係的健全度。但成長有正向的，也有負向的。請滋養正向的成長，淘汰負向的成長。
- 所謂「天才」，指的是你人脈網中，潛藏的能手與人才。因此，若有許多正面、且不斷成長的人際關係，就能從中獲益，享受「天才」帶來的回報。然而，要得到回報，必須是真誠且互利的關係。

- 維繫人際關係時，最嚴重的危險與陷阱，幾乎都來自於錯誤管理三件事：你的時間、能量和金錢。
- 要正確看待人際關係，重點在於找到心流，而不是遵循特定的規則。最重要的是，人際關係應該要能帶來樂趣。

演練與行動步驟

讓人脈，成為「解決問題」的最強武器

要能得到天才的回報，你要先回到第一章結尾處，看看你列出的生活中的各種天才，並據此打造出天才網絡。接下來，請找出生活中有待解決的問題，而且靠你自己無法解決。請利用本項演練，自問以下這四個問題：

一、你的生活中有什麼有待解決的問題？

二、如果問題可以解決，你的生活或事業會變成怎樣？

三、解決這個問題後，能帶來的三大好處是什麼？

四、在你認識的人當中，有誰可以幫你解決這個問題？

前三個問題的重點在於幫你釐清，第四個問題是要開始行動。

請記住本章的重點：你必須把**時間**、**注意力**、**金錢**、**心力**和**能量**投注到人際關係中，才能創造出人生的最高成就。要做到這一點，你要真的採取行動和他人建立聯繫，這是簡單又有效的起點。

停止「無效社交」練習

從前文列出的時間、金錢與注意力危機中可以看出，有時候人生的成敗不僅取決於你做了什麼，更在於你**不做**什麼。

每一個人的時間都是有限的。時間過了就過了，無法挽回。然而，我們可以不要浪費時間在讓人偏離目標的事物上。過去，我會建議人們為自家企業編製「不可做之事」清單，抓出浪費時間的元凶，不要重蹈覆轍。而你也可以針對你的人際關係這麼做，範例如下：

一、**哪一段關係對你來說最輕鬆？你最喜歡和誰相處？**這些人可以幫助你過著「小精靈」型人生（輕鬆、有錢賺又有樂趣），你應該花大多數的時間在他們身上。請舉出五、六個例子。

二、**哪一段人際關係最能幫助你成長？哪一段關係幫助你賺到最多錢？**這兩種稍微有點差異。這是因為，有時候推動我們往前邁進的人，不見得能讓我們賺到很多錢。有時候，某些人際關係束縛住我們，讓我們無法去做某些事，但會幫助我們致富。如果你發現前面這兩類人的組成差很多，你可以做哪些調整，讓你喜歡相處的人和能幫你賺錢的人，有更多重疊之處？

三、**未來九十天，你在人際關係方面最重要的三個目標是什麼？**比較過第一題和第二題的答案之後，你應該更知道如何分配時間，多和**也**能幫助你賺錢的「小精靈」型人來往。如果所有「小精靈」型的人都不能幫助你賺錢，那麼，你的目標之一是找到誰可以。或者，替你最喜歡的人量身打造「小精靈」型計畫。

四、**採取哪些行動步驟，可以帶你朝這些目標邁進？**定義可以讓你達成目標的步驟，然後**動手去做**。能不能堅持到底全看你，而你的成果會是最好的證明。

五、**現在，以上問題你都有答案了。那麼，你認為哪一段人際關係，是你應該少投入時間、注意力、金錢、心力與能量的？**你在這一題寫下來的答案，會讓你過著「半吊子」型（辛苦、惱人、無力且讓人倍感挫折）的人生。請寫下五、六段人際關係。

六、**你要怎麼做，才能在這些人際關係中設下界線，以保留你的時間和能量？**通常我們還是會和非屬「小精靈」型的對象建立關係，但沒有人說你必須任憑這些關係掌握你的人生。本項演練要達成的目標，是要把最多時間花在第一題列出的人身上，並且把第一題的答案也變成第二題的答案。至於其他人，請盡你所能設下界線，清楚傳達你的需求，並保留你的時間。還有，請記住，對某個人來說屬於「半吊子」型的人，對不同的人來說可能是「小精靈」型的人。

第一題的答案是你善於相處的人，第二題的答案是能幫你賺錢、但對你來說還不是「小精靈」型的人。以業務上來說，有些人會兼有兩邊的共通點。同樣的，以人際關係來說，第一題答案裡，能讓你**自在**相處的人，有些會牽絆住你、甚至傷害你。而第二題答案中的人，能幫你賺到很多錢，可是你受不了對方。

既然沒有一體適用的人際關係，請根據具體情況加以變通。畢竟，你花時間交流的人，不一定能幫你賺錢。而幫助你成長的人，你也不一定喜歡和對方相處。以健身來比喻，要是你身材嚴重變形，就得去找緊迫盯人的個人教練。

同樣的，請善用本項工具，通盤了解對你來說影響力最大的人際關係。

列出「現在不做事項」清單

前述的演練旨在幫助你找出自己的問題，並為人際關係設下規則和邊界，讓你可以把焦點放在解決問題上。然而，就算你大概有點眉目，知道該把時間花在哪裡，但還是很容易就離題或失序（創業家尤其是這樣，因為他們的腦子不停蹦出想法，無法一意向前。）

當然，在整理人際關係時，還要寫下人生目標，又要跟自我更加連結，還要學著成為能偵測他人痛苦、緩解他人煩惱的人，很費工夫。事實上，想要一次接下很多工作，通常也代表著沒有一件事能照理想實現。而且，這樣的壓力會替你自己和他人造成**更多**不必要的負擔，無法排解煩惱。

基於種種理由，運用「現在不做事項」清單可以幫助你，讓生活重新回到軌道。我第一次聽到這個很棒的概念，是我的好友兼暢銷書作家大衛・巴哈（David Bach）講給我聽的。我非常喜歡，因此把它轉化成一大利器。多年來，我利用這套工具，來解決分身乏術的問題，同時決定什麼時候該做什麼事。在實務上操作時，你要先問以下幾個問題：

一、此時此刻，哪些事是我重要的優先要務？
二、哪些構想、機會、人、專案和任務，雖非優先事項，但仍值得追蹤？
三、如果我投入去做，這些事能創造出哪些價值、影響力或成果？
四、與他人比較目前的優先要務列表，你得出哪些重要見解？

在本演練中，比較不涉及對錯，而是時間管理的問題。同樣的，沒有任何既有的判斷準則，來決定哪些是你的優先要務，哪些又是你該放在一旁的事。但你在回答第四題時，可能會做出一些判斷。

你有沒有把什麼事看得太重要了？有沒有任何關係或專案，能讓你過著接近「小精靈」型的人生，但你卻擱置了？請利用本項練習來反省，並據此做出改變。

第3章

成為「別人願意接起電話」的人

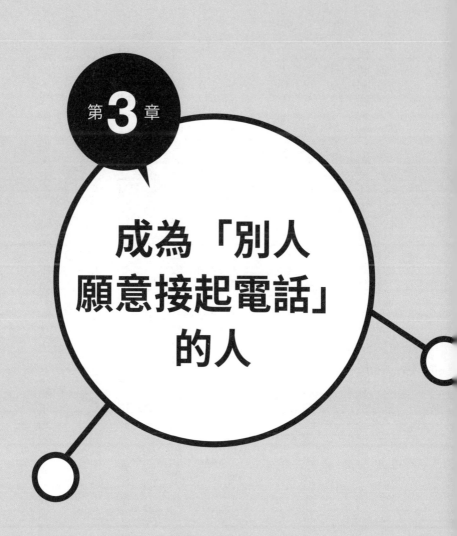

某日，我接到熟人來電，她是一位富有的女士，嫁給了超級富商。我看到來電顯示時，嚇了一大跳！我們已經有八年沒聯絡了！

我接了電話，短暫寒暄之後，她說她夢到我。在她夢中，我和她丈夫一起出現，握手言歡。但她接著說，丈夫一年前過世了，她想知道我在現實中認不認識她丈夫。我說我不認識，但是我不能就這樣把電話掛了，因為顯然她整個人處於非常脆弱的狀態。我們又繼續聊下去，之後她說她想再見見我。我們決定去亞利桑那一家高檔的度假中心吃晚餐，她就在那裡下榻。

親自見面之後，我才意識到，這位熟人甚至比我想的更加脆弱。她也承受極大壓力。

丈夫死後，她要應付到處收買人的律師，以及其他數不盡想要分一杯羹、爭奪丈夫遺產的人。她和丈夫共有的事業雖然仍由本來的管理團隊運作，但此時情況很棘手，因為她有太多事要面對。

我們聊著聊著，有兩件事變得很清楚。第一，此時此刻她很脆弱，別人很容易就能占她便宜。第二，她打電話跟我聊天是一件很特別的事，因為她沒辦法打電話給任何人。

這位女士悲痛欲絕，但她也非常富有，這些因素造成了很難處理的局面。即便她遭受貨真價實的痛苦，也需要協助，但她沒辦法隨便找人講。畢竟，對於拿取者和掠奪者來說，這是能行動的大好機會。

我們快聊完時，這位女士說，她希望幫助正在戒斷的人。她自己也戒過癮，但我覺得，眼前的壓力，會讓她很難保持清醒。我告訴她，此時把重點放在助人戒斷上，對她來說並非適當之舉。反之，她必須把焦點放在自己身上。她若想發揮影響力，必須先好起來。因為，如此脆弱又手握大筆錢的她，很容易成為別人的目標。

我們道別時，我為她引介天才網絡裡，一位很出色的精神病學家，請他免費和她聊聊，幫她一個忙。在我們的互動當中，我對她一無所求，我只希望她能得到需要的協助。

回家時，我還摸不著頭緒，不知道她為什麼會打電話給我（也不明白她為什麼會夢到我）。我記得，我們初見時，我給了她一些人名和電話，這些是我知道可以幫助她和她丈夫的人。我左思右想，才恍然大悟她還記得我八年前說過的話、做過的事，這些在她的生命中留下了影響力。

推動人生的骨牌：人需要獨處，以便與自己建立深刻的連結。但說到底，我們都是社交動物。所以，和他人搭上線會讓人覺得安心，因為我們**天性**如此。

要請你想一想的問題：人生中，有沒有你可以深化的人際連結，能讓自己和對方的人生變得更好？哪些因素阻止你動手去做？

人際關係的答案，在「來電顯示」裡

現代社會裡，人和人的交際連結範圍，比過去更廣。這表示，很多時候，我們都要靠電話（或者，廣義來說，社群媒體的訊息）來「維繫關係」。電話聯繫（或訊息交流），變成衡量你和別人人格的好指標。

當然，這有一部分是我自己的生活經驗。

母親過世時，年幼的我覺得很孤獨。在我童年時期，我爸爸每隔一、兩年，就會帶著我哥和我，從原本住的地方遷居他處。通常，我們搬家的時候，也就是他很焦慮或很沮喪的時候。我媽走後，我爸覺得在哪裡都定不下來，因此他不斷搬家。

結果是，我被迫建立很多短期的關係。一旦人際關係沒有品質可言，我想辦法用**數量**來彌補。然而，就算身邊有很多人，我也漸漸覺得這是輸家策略。

我在很多人際關係裡面打轉，並發現自己想要的，是和別人建立起更深入、更深刻的連結。我知道，要做到這一點，必須少花時間和精力在想要和我廝混的人身上，多和**對的**人相處。我不知道，在各種交流往來中，哪些是正確、值得滋養的關係，但我知道要想辦法找到答案。

偶然之下，我有了頭緒，摸索出誰才是我該交流的對象，而這一切都要感謝「來電顯示」這項發明。

在有來電顯示的功能之前，每當有人來電，你只能預期「某個地方的某個人，想要跟你講某件事」。我是樂於社交、很友善的人，只要電話一響，我就會接，然後和我其實不想聊的人講很久的電話。有了來電顯示之後，忽然之間每個人都有了選擇，電話響了，可以決定要接或不接！

等我習慣新科技之後，我發現，我通常會接精力充沛的人打來的電話。這些人開心、熱烈、友善且關心別人。同樣的，這些人通常也是接我電話的人，他們覺得我能回報給他們相同能量。

和**這些**人講話時，對話很流暢，沒有人會被其他事影響。如果對話內容非常深入，那很好。這本來就是雙方想要的對話，兩人之間的關係也因此更加茁壯。對我來說，規則很簡單：我本來就會想接對方打來的電話，而我又和這個人建立起更優質深刻的連結。而成為讓人想深交的人，是任何人都可以靠練習培養出來的技巧。

我的建議直接了當，但真的有用！想想看，如果你要推動某個案子，你想要多花點時間和什麼樣的人相處？是對你擁有新機會感到開心、鼓勵你拓展思維的人，還是連試都不讓你試、甚至因為忌妒去破壞你的計畫的人？

在社交場合下，你喜歡哪一種人：對他人展現同理心、關心身邊的每一個人、很好相處、在一起很愉快的人，還是只在乎自己、完全不管他人感受的人？我可以繼續舉例，但你懂我要說什麼。

如果想要過著「小精靈」型的人生，就要有能力去篩選與分類，與積極正向的人為伍，這些人才值得你接起他們的來電。但首先，你要以身作則，才有選擇的餘地。換言之，別人也得想要接起你的電話。

除了培養上述特質，要成為這種人，最簡單的辦法就是要因人制宜，讓對方覺得你**派得上用場**、**知恩圖報**且**有價值**。同樣的，實務上會需要你多用點心。

我們常會把「為他人著想」、「友善」等等特質，當成客觀上的「美好」特質。但事實上，人性複雜得多。畢竟，不見得**每個人**都會馬上相信一個友善過了頭的人，但有的人會。或者，不見得**每個人**都愛玩笑開個不停的人，但有些人很樂見一點鬧著玩的成分，也有些人（包括我自己）很喜歡病態的幽默！

要讓別人願意接起你的電話，代表你要在三件事中取得平衡：

一、知道本質上你是什麼樣的人，以及你喜歡什麼。

二、知道本質上對方是什麼樣的人，以及他們喜歡什麼。

三、在各式各樣的情境中，都能用你和對方都喜歡、也互利的方式行事。

這些原則雖然簡單，但是要套用在不同的人身上，卻一點也不簡單，第三點尤其困難。舉例來說，一輩子照章行事的人，和完全隨性的人，要怎麼找到共通點？會不會有人覺得事情很失控了，另一個卻覺得做起事來綁手綁腳？

我們通常會去找性格相像、或是行事作風順眼的人。不管是哪一種，把他人想成是一面鏡子，能幫助我們映射出自己的形象。我們在別人身上看到的正面特質，是我們認為自己也擁有、或是有待養成的特質。同樣的，別人身上的「負面」特質，也正是我們不願意接受的自己的黑暗面。

正因看見世人百態，反而能好好提醒自己去檢視內心世界，並自問為何會發生摩擦。為什麼某個人的行為，會讓你覺得很討厭，這一點又透露出你的哪些特質？而這又說明了對方是什麼樣的人？有沒有可能你並不知道答案是什麼？你也許應該問問看！

把最初的矛盾，轉化為真心的好奇，去理解對方的生活和想法，就是開啟了建立連結的機會。回過頭來，這樣的好奇心會建立起更優質的連結，並給雙方更大的空間，去理解彼此、容納差異，讓兩邊都能有更美好的體驗。

在最好的情況下，這甚至可以讓你養成原本欠缺、甚至避之唯恐不及的特質，讓你成為更圓融的人！

這種人際之間的良性交流，讓我想起丹和班傑明・哈迪（Benjamin Hardy）合寫的《收穫心態》（*The Gap and the Gain*）。在這本書裡，「落差心態」指的是你目前的狀態，與你認定的自我潛力之間的差距。當然，每個人都聽過應該要「完全發揮潛力」，但誰又能真正做到？不管你能發揮多少潛力，都會再釋放出新的潛能。丹說了，你看得到地平線，但永遠也摸不到。同樣的道理，也適用於你心目中的理想特質。把理想特質當成目標，是很好的起點，但你不必執著於目標本身。反之，你應該要藉由實際**行動**，去實現這些目標。

二十年前，我寫下了一份生活提案，講到怎麼樣才叫好好過一天。在這當中，我列出幾個基本步驟和指南。但細節不是我們現在要討論的部分，重點在於我的結論：

如果這些都不能讓你好過一點，請去兒童醫院、愛滋病專門診所，或是安養院看看。或者，更好的辦法，是去這些地方做義工。你馬上就會對於「如何過上美好的人生」，以及「美好人生的真相」改觀。

事實上，一直在想你所做的每一件事到底是好是壞，並不是改掉個性缺失的好方法。最好的辦法，是把自己發出的光亮照到黑暗的角落，試著幫助其他人。

推動人生的骨牌：要和他人建立連結，成為別人「願意接起電話」的人。實際上，這代表你要成為貼心、善良且懷抱好奇心的人。說得更精準一點，這表示你要提供別人想要的能量。

要請你想一想的問題：人生中，你想要接哪些人的電話，這些人又具備哪些共同特質？有哪些人一定會接你的電話？

人際關係是一半的吸引力，加一半的排斥

我的故友哈爾伯特，生前是傑出的文案撰稿人。他對我說，在和顧客往來或從事行銷時，其中最重要的一件任務，就是和對方**建立連結**。他認為此事極為重要，甚至把bond（連結）一詞，拿來當作兒子的名字！

從我和哈爾伯特的多次對話、以及他的通訊刊物上，我很早就學到這件事。我讀他發行的通訊刊物很多年了，這是我主要的行銷資訊來源之一。他的通訊刊物很簡單，僅有八頁，都是黑白印刷，可以裝進一般尺寸的信封裡。這樣的組合有一種魔力，讓我一收到就想要馬上打開來讀。

哈爾伯特的文筆很能激勵人心，讓人覺得他說中了我的渴望與目標。基本上他是一個硬漢，人很聰明，教的都是犀利有勁、能創造出結果的行銷方法。他是很厲害的老師，就像魔術師一樣，能運用文字傳達他的概念與想教授的心得。事實上，他寫出來的東西非常感性，和我建立起了**連結**。他創造出了一種能量，**吸引**我去讀他的訊息。

說到底，我們想要在這些連結中尋找的火花，來自於某種吸引力。相反的，不想扯上任何關係，則出於反感。其中的巧妙，就像是我的朋友兼前任約會教練伊本．帕岡（Eben Pagan）說的：「人不能選擇要不要受到吸引。」這是指，不同的人格特質是極具吸引力，還是讓人反感，取決於當事人的背景條件。我們會因為共同的興趣、價值觀、人格特質，甚至幽默感，而受到某些人吸引，或者排斥某些人。

我的朋友兼愛情教練、同時也是伊本的妻子安妮．拉勒（Annie Lalla）提出她的見解，補充說明這個概念：「真愛是一半的吸引力，加一半的排斥。」安妮的意思是，最深刻的連結並不是只有「具有吸引力的特質」，也有我們人格中比較陰暗的一面。某個人喜歡你，可能是因為你們有共通的價值觀。但更常見的情況是，你擁有對方所沒有的特質！人際關係就跟行銷一樣，最好的成果來自於一邊推、一邊拉，然後讓兩方維持平衡。

對我來說，會吸引我的，是足智多謀、有成就，以及有良好品格的人。我會去找有時間急迫感、且以行動改造自我的人，特別是那些克服貧困出身者。這些人非常有意思，遠勝過我的朋友丹所說「含著金湯匙出生，卻自以為高人一等」的人。

當然，即使時局不利，還能堅持做對的事情的人，也很能吸引我。而「做正確的事」和「把事情做對」，兩者相去不只十萬八千里。比方說，可能有**正確的**搶銀行方法，但搶銀行可不是該做的正確之事。或者，有很多行銷方法可以幫你賺大錢，但占別人的便宜、說謊或誇大事實等等，都是錯誤的做法。

結合伊本和安妮的見解，我會這麼說：我非常容易受到成就高和非常和善的人吸引。如果一人兼具兩種特質，那就更理想了！但事實上，這兩種人格特質往往位處於天平的兩端，常把很多想要求取平衡的人壓得透不過氣。

重點並不是你**必須**更有耐心，來對待難以相處的人，也不是你**應該**努力促成更平衡的局面。每一個人都有不同的面向，相反的力量在自己與他人的身上不斷拉扯。理解這一點，不要把人理想化，你才能更完整地看清楚自己。此外，你需要透過某些人來平衡自己。而看清自我就好像是打出旗號，讓別人看得到你是什麼樣子。

推動人生的骨牌：我們會受到某些能量吸引，可是你不能選擇要不要受到吸引。而對你與你的人生來說，這有可能代表，你會被不好的能量或人拉攏過去。

要請你想一想的問題：哪一種人或事對你來說最有吸引力？為什麼？

致命吸引力的背後

如果環境良好，跟隨吸引你的事物，是好事。但如果不內省，受到吸引也可能成為致命傷。當然，有時候你需要再檢視一下吸引你的事物。

我在研究行銷時，學到一件很重要的事：**你不是自己的顧客**。簡言之，這表示，**我們**認為讓自己或產品具有吸引力的因素，通常不同於別人所想。有時候，我們行銷的是**自己**想要的，而不是別人想要的東西。

這也是人際關係裡的一大重點。就算人們會說他們想找和藹、友善、有魅力、殷勤、體貼，而且很風趣的人。但通常真正去找的，卻是危險、自戀且對他們很無禮的人。

怎麼會這樣？為什麼有些人根本就是粗魯騙子，但也會有熱情擁護者，吵著要見他們一面、爭相合照、投票支持、擁護他們？如果他們顯然很讓人反感，為什麼還是有人受到吸引？（人性可真是讓人著迷啊。）

我們可以從一個角度，來檢視這件事：如果大家都同意，人要具備特定特質，才稱得上「偉大」。每個人就會根據同樣的標準投票，用相同的方式為人處事，以此類推。但事實上，經驗形塑了你我各異的價值觀，而價值觀又決定了我們想與誰相處，以及要追尋何種生活。

如果用食物打比方，每個人的味覺都不同，有些人喜歡綠色花椰菜更甚菠菜，有的人比較愛薯條，不肯碰香蕉。但就算青菜蘿蔔各有所好，食物**嘗起來**的滋味，與實際上能帶來多少**營養**，是截然不同的事。

就好像對人會有不同的看法和偏好，每個人對食物的味道和喜好也見仁見智。至於營養價值，就不太有討論空間。

為什麼危險、痛苦和失能，會吸引某些人？這個問題太深奧，這裡難以提出完整的回答，但我們可以舉出很多可能的理由。

心理學上有「創傷羈絆」（trauma bonding）理論，試著解釋這種現象。我並非心理學家，因此，我仰賴朋友、同時也是世界級戒癮治療師肯恩・威爾士（Ken Wells），來幫忙說明：

在童年成長過程，出現不健康的依附關係，會造成「創傷羈絆」。每一個孩子都需要面對自己的發展需求，包括觸摸、得到認可、可預測性，以及明白自己很重要，諸如此類的。

當一個人的需求能得到適當的滿足，就會建構出有安全感的依附，帶來歸屬感和安全感、自我規範的能力、建構親密連結的能力，也能與親近的人分開，並畫出界線。

但如果無法滿足這些需求，人最後就會發展成像一大塊瑞士起司那樣，到處都是空洞。因此需要透過成就與他人的肯定，來獲得權力、地位和控制力，從外部去填補這些空洞（這些是我們身上未被滿足的需求）。所以，一旦兩個充滿空洞的人，與彼此建構出非常親密的連結、但又無法滿足任何一方，就出現了「創傷羈絆」。

德國知名精神科醫師佛瑞茲・波爾斯（Fritz Perls）說過一句名言：「任何事在成真之前，都不會改變。」要治療創傷並避免出現創傷羈絆，你必須認知到，自己和有毒的人建立起關係，是希望能滿足兒時未被滿足的心理需求。要不然，成年後的你就只能懷抱著痛苦。

如果童年時期遭受傷害，接下來的人生，或者說「正常」的狀態，就會變得不安混亂。這表示，如果身邊的人對我們慷慨無私、有健康的互動界限，或者尊重我們，我們反而會變得多疑（雖然某種程度上我們知道，人生中需要更多這種人）。

這也表示，有時候從外人身上，感受到的吸引「火花」，很可能是創傷羈絆的延伸：我們在這些人身上，看到自己。我們可能認為，這些人也是受害者。或者，他們是施虐者，重現我們所習慣的生活情境。

說了這麼多，重點是不要因為某個人「選」錯了，就去責備或羞辱對方。反而要知道，這點出了更大的重點：人必須刻意去覺察自己想要什麼。不然的話，通常都是被自己所熟悉的事物（無論那是什麼），吸引過去。

推動人生的骨牌：有些人受經驗影響，喜歡、追求，甚至沉迷於人際關係中的危險與痛苦。雖是如此，人還是有可能擺脫這樣的行為與負能量，長期下來過著更好的人生。

要請你想一想的問題：你有沒有朋友常常遵循著某種模式、從而陷入危險或痛苦的情境？何以如此？你有沒有因為個人信念與經驗，讓人生陷入危險或痛苦的情境？

讓「對人的感覺」敏銳、敏銳、再敏銳

有一位很受歡迎的演講家，常常講起他發生車禍的始末。他說，發生車禍之

後，他坐在路中央，血流如注。就在那一剎那，他清楚看透了自己的人生價值。故事快講完時，他在台上哭了起來。

第一次聽他講這個故事時，我很震驚。我心想，**他講的也太真實懇切了！**等到我跟他更熟了以後，我看到他一次又一次分享這個故事，也注意到他每次講完都會落淚，這讓我覺得很奇怪。

最後，在和他的朋友及下屬聊過之後，我才知道這個故事是編出來的，根據真實事件改編而成。編這個故事的用意，是要在並非真有其事之下，激發出真心。由於他講過太多次，最後已經陷入故事的情節裡，連他自己都相信這是真的。

雖然此人的能量和故事很吸引我，而且雙方也是朋友，但當我發現他在台上演出的樣子，和他在舞台下做生意的樣子，完全搭不上，我必須終止兩人的關係。無論他一開始給了我多好的印象，最終他會成為拿取者、而非付出者。

多數人都會有這類警世故事，通常發生在比較年輕的時候。但以我來說，這是近年來才發生的事！這是很好的提醒，讓我們記住，磨練識人能力有多重要。

那麼，「識人能力」到底是什麼？

人會有視覺、聽覺、味覺、觸覺和嗅覺等感官，同樣的，我們也會有「對人的感覺」，這也是重要感官。如果你識人不明，到頭來，你會和像是垃圾食物之流的對象建立關係。但你可能要等到自己身心不舒服後，才會明白這一點。

身為行銷人，很難不把「識人」這個概念，拉回到行銷上來說。在人際關係中，有時候人不敢「行銷自己」，來得到想要的。但事實是，不管想不想，人**永遠**都在自我行銷。我們待人溝通的方式，**就是**在行銷。而這也是「識人能力」的一環（只是我們沒有意識到而已）。因為別人能依照你待人溝通的方式，來決定要不要與你相處。理解了這一點後，如果能試著去掌控這些因素，絕對會為自己大大加分！

在業務關係中，如果你不留意，恐怕會「引來錯誤的客戶」。這番道理也適用於，我們選擇和哪些朋友相處。如果交的朋友只會讓自己顯露出負面特質、或是自毀習慣，那就大錯特錯了。不過或許，最重要的是，這還可以應用到感情關係，以及找到愛的能力上。我曾運用我的行銷知識，探究愛情領域，並寫了一份或許可以找出靈魂伴侶（這聽起來好像有點奇怪）的自我介紹。

我是和朋友聊過之後，才想出這個點子。我朋友在網路上發起活動，並發揮他的文案長才，寫了一份自我介紹。他在活動中明確列出他的政治理念與交女友的偏好，裡面也寫到很多趣事和他的人格特質。他寫的東西直接了當又坦白誠實（雖然有人覺得很挑釁），引發了很多關注與媒體報導，後來爆紅。

雖然他的方法並沒有著眼於尋找靈魂伴侶，但我開始思考，人要如何把行銷原則，套用到戀愛上。我左思右想一陣子，想起二〇〇五年，安妮（我見過最棒的戀愛教練）突如其來的一封電子郵件。這封信的內容如下：

喬：

這件事很重要。我一直想到你。直覺告訴我，我們需要談一談。但我一直避免這麼做，我不知道為什麼。但我現在看清楚我的恐懼了，因此，我要用這封電子郵件，主動說明我的想法。

我覺得有必要寫信給你，主要是因為，我知道伊本很喜歡你，而我也認為你的心飽經摧殘，這是歷盡風霜的人才有的特質。我認為你有能力，經營人類有史以來最偉大的愛情。我不希望你到死之前，都沒有嘗過真愛的滋味。我和伊本認為，這是人一生中最值得追求的事。

我希望，在你離開這個世界之前，能感受到什麼叫有人如你所是地愛著你，並知道你能毫無保留地付出並得到最優質的愛。這正是靈性的真義。

我想我可以幫助你，但前提是你願意放下對於愛情的陳見。

且讓我們從頭開始，為你量身打造新的愛情定義。接下來，憑藉著十足的勇氣與深厚的信心，召喚我們為你設計好的未來愛情，來到你夢裡。但你要放開所有的恐懼、疑慮和憤世嫉俗。

這麼做不只是為了你，也是為了全體人類，因為人類需要你墜入愛河。當真命天女找上門，促使你變得更出色，你的影響力和貢獻就會更上一層樓。

喬，你值得陷入愛裡，讓我幫你一把。

這天生就是我的使命，你也一樣。

不管怎麼樣我都愛你，就算你不回應我的邀約也一樣。

給你我最熱烈的擁抱，

安妮

我和安妮是多年摯友，但我壓根沒想到她會寫電子郵件給我，所以收到信時很訝異。我很感激安妮寫信給我，但那時我才剛和某個對象約會，因此沒有接受她的邀請。

基於種種理由，二〇一八年我恢復單身。我想起安妮的電子郵件，於是我去找她，審慎接受她提出的邀請。

我和安妮開始合作，暢談愛情與人際關係，以及過去我對愛情的看法、愛情對我來說又是什麼等等。有時候，我會在對話中用上我的行銷知識。對此，安妮說，最高階的行銷運用，是去找到願意共度一生的人，而她希望成為「（我的）心之公關代表」。

根據所談的內容，還有安妮的協助，我拿出最好的自己，並從核心信念出發，寫下新的個人自我介紹。我們一起加了很多想法。以下是我寫給未來靈魂伴侶的自我介紹：

我無意改變妳。

我希望妳能放輕鬆，做妳最想做的人。

我的存在，是為了保護與鼓舞妳心中富有創意、智慧、很強大也溫柔的部分。我是妳的庇護所，也是支撐妳的彈跳床。

我渴望的女性，是願意傾注心力、投入畢生心血在重要事物上。我也會獻出自己來支持妳。妳的成長與發展，會是我們的優先要務。

我曾經讀到一段話：「你不是和某個人墜入愛河，而是愛上跟對方在一起時的那個更好自己。」我希望妳在我身邊，能做真實的自己。這也會激勵我真誠做自己。

我是成功的創業家，對很多事都懷抱熱情。我一心一意追求個人的發展與成長，意在為接觸到的人增添價值。我替很多強大的領導者建立了連結，也打造出合作的網絡。我的生活步調快速緊湊，需要一位懂得表達自身需求、也能善用一生難得機會的強大女性，和我並肩作戰。

如果妳對自己愛人的方式感到自豪，在恐懼的時候仍能展現溫柔，而且相信自己有能力接住別人的痛苦，那我們會很有共鳴。

人生充滿挑戰時，要保有敏銳度與坦誠是需要勇氣的。我需要一個具備這種勇氣的人。

如果妳在妳所認識的非凡女性中，排前五名，那麼，我很想認識妳。

我保證我會待妳如女王。

但前提是，妳要知道自己是女王。

我們寫出來的文案比我想像中還好，而且真的能展現我這個人。我在《我愛行銷》Podcast中，和安妮一起錄了一集，暢談我尋找靈魂伴侶的過程。我們也把這份文案，放到好幾個約會網站上。這裡就不細講我的私生活，跟那份文案帶來的成果。（在《我愛行銷》中，我和安妮共同錄製的那集，有更完整的內容，可上我的網站www.JoePolish.com/WIIFT收聽。）無須多說，讓安妮成為我的心之公關代表，是我做過最棒的事情之一。這教會我很多和愛情有關的事，也讓我學到許多建立連結的訣竅，更提醒了我為何一開始會對行銷感興趣。

人來到這個世界時，並不會假設事情該怎麼樣。長期下來，我們會從外界和經驗學到很多，好壞皆有。不過，人生中學到的很多事都發生在童年時期，我們甚至根本不記得自己學過，也因此，人很難**抹去所學**（unlearn）。畢竟，某些經驗太過強烈，或者已經成形了，幾乎不可能完全「抹去所學」，而這也成為我們的一部分。

理解這一點，對於和人交心、成為對方願意接起電話的人，大有用處。這本書的重點，是要善待他人、樂於助人。有時候，這代表你在溝通時，要讓對方知道，你明白他們是怎麼樣的人，而且願意接受他們的本質。對於有些人來說，這可能代表你要調侃他們、跟他們胡扯、挑戰他們，而不是一直當好人支持他們。

但在你這麼做之前，要先知道，不同類型的人確實存在。你必須要先跟他們互動，並理解他們變成目前這個樣子，是有原因的。同樣的，你得明白，這個原則也適用在**自己**身上。有些人明知山有虎，偏向虎山行，或造成許多不便，但在某些事物上，我們可能也有類似的行為。

一旦你接受這一點，選擇就多了起來。你可以選擇同理那些很難相處的人，用他們可以理解的方法溝通，藉此建立可以帶來回報的人際關係。或者，你也可以設下界線，用會驅趕他們的方式溝通，讓你**不想**建立關係的人遠離。

無論在業務、友誼還是愛情上，精通「交心」與「建立連結」的技能，大有益處。而且，幾乎任何你想得到的領域，只要跟人際交流有關，都用得到。同樣的，要善用這些技能，你必須理解背後的基礎：不管好壞，人常常在無意識中，受到自身習慣與經驗掌控。

話雖如此，但這不表示，我們不能改變、或改善自身的行為模式，因為我們做得到！我會這麼說，只是要指出：如果不檢視個人經驗或想法，恐怕會發現自己總是在相同的問題裡打轉。比方說，經歷痛苦不幸或重大創傷的人，會受到熟悉、能激起同感的人事物吸引（事實上，無論具體細節如何，這條原則幾乎人人適用）。

理解這一點後，就能更有自覺地掌控人生，開闢出更寬闊的道路。同時，更能與他人建立連結，培養出緊密的交心關係。追根究柢，一切都在於要理解自己，並清楚自己的擇友標準。

我的朋友哈維．麥凱（Harvey Mackay）已高齡九十，幾年前他寫了一本書《與鯊共泳》（*Swim with the Sharks without Being Eaten Alive*）。這是一本商業書，但他的比喻到哪裡都適用：人生就像一片海洋。當你在日常生活中「泅游」，會遇見各式各樣的魚，海洋很大，有時候，你也要和鯊魚正面對決。

我有幾次與鯊魚相搏的痛苦經歷，有時候也因為在愛情與事業上看人看走眼，而承受苦果。幾年下來，我體認到，必須好好檢視自己的識人眼力。因此，我開始學習心理學、自助方法，並更深入發展自我，以找出勇於嘗試的冒險家，避開安逸、不願改變的人；找到有道德良知的人，遠離無良之輩。

我也學到，要改善識人眼光，其實以「抹去所學」居多，而不是要學習。過程中，我愈來愈明白，為何人會不斷將自己置於險境（雖然理解這一點，也無法保證自己不會跟對方一樣犯錯）。

推動人生的骨牌：如果你有糟糕的童年經歷，或人生不順遂，你很可能需要「磨練識人眼光」。不然的話，你恐怕會陷入糟糕的模式裡。

要請你想一想的問題：在擇友上，你生命中的痛苦經歷，對你造成了哪些改變？

決定好價值觀，然後堅持下去……

就算認同「要成為他人眼中，有用、心存感激且有價值的人」這個價值觀，要在生活中實踐，仍是很困難的事。同樣的，如果你想磨練識人的眼力、讓別人不會拒接你的電話，你要多花點時間和讓你感到不自在的人相處，因為你心底明知，對方會把你推出舒適區，而且能夠令你大幅成長。

每個人都聽過一句話：「每天都要做一件你害怕的事。」這句話說得太好了！但真正要去做讓自己害怕的事時，又另當別論了。比方說，「展現脆弱」對不少人來說，是很可怕的事。但其實，要先展現脆弱，才有機會用自己期待的方式，培養人際關係。

說起來，成為別人願意接起電話的人，有好有壞，明白這一點會大有幫助。要成為這種人，你也要樂意「接別人的電話」，不管你喜不喜歡對方打來聊的事。

此外，能不能成為別人想要相處的人，跟你完不完美無關。更多時候，是因為你能體認到自己的優點，堅守明確的價值觀，而且不怕表現出來，也願意和其他人分享。

成為這種人有好處：如果對方喜歡你的價值觀，即便跟你不熟，他也會知道你是什麼樣的人，還會主動來找你。反之就是你要付出的代價：如果一個人不喜歡你的立場，他也會清楚看透你，更有可能跑過來挑釁你。

我說這些，是為了讓你明白，如果選擇這樣的人生，會碰到什麼事。想要過著人際關係緊密、深厚的人生，以帶動自己發揮更高水準，你要決定自己的價值觀並且堅守下去，這是必要代價，人生所不能免。

過程中，你會犯下很多錯誤。而你必須承擔責任，才能有所成長，並且讓別人看到你的本色。幸好，一旦你拿出最大善意過生活，並為行動負責，往往能吸引到也努力這麼做的人。

講到該如何過生活，我想到已故美國政治家伯納德．巴魯克（Bernard Baruch）的名言：「在意你的人不會介意，會介意的人不值得你在意。」

讓外界知道你盡力為別人做到最好很重要，但同樣重要的是，我們也要好好培養內在，不然無法得到想要的人際連結與成果。

推動人生的骨牌：就算你界定出價值觀、並據此生活，還是可能犯錯，並招來批判。但要建構良好的人際關係，並擁有最美好的人生，這是必要的代價。

要請你想一想的問題：你想要根據哪些核心價值觀過日子，你要如何對世界「行銷」這些價值觀，以便和他人建立連結？

推動人生的骨牌：

- 人需要獨處，以便與自己建立深刻的連結，但說到底，我們都是**社交動物**。所以，和他人搭上線會讓人覺得安心，因為我們**天性**如此。
- 要和他人建立連結，成為別人「願意接起電話」的人。實際上，這代表你要成為貼心、善良且懷抱好奇心的人。說得更精準一點，這表示你要**提供別人想要的能量**。

- 我們會受到某些能量吸引，可是你**不能選擇要不要受到吸引**。而對你與你的人生來說，這有可能代表，你會被不好的能量或人拉攏過去。
- 如果你有糟糕的童年經歷，或人生不順遂，你很可能需要「**磨練識人眼光**」。不然的話，你恐怕會陷入糟糕的模式裡。
- **即便你是出於好意**，**仍有可能讓自己做過了頭**。要當心，不要為了照耀世界，而「過度深入黑暗之地」。或者，至少要謹慎去做這些決定。
- 就算你**界定出價值觀**、**並據此生活**，**還是可能犯錯**，**並招來批判**。但要建構良好的人際關係，並擁有最美好的人生，**這是必要的代價**。

演練與行動步驟

人際盤點練習

無論是自己還是我們選擇共處的人，身上具備的特質，都是品格的反映。

蘇格拉底有一句名言是：「未經檢視的人生不值得活。」秉持這樣的精神，如果你希望從許多深刻的人際關係中，體會到最充實的人生，你必須理解自己如何與他人溝通互動，捨棄無益的舊習，重新養成更好的習慣。

出問題時，要指責別人很簡單，但這就有點不誠實了。如果是你不斷搞亂自己的人生，那麼，你的待人處事方法恐怕大有問題。

請先用「大無畏」的態度來盤點自己。而在十二步驟戒癮行為課程中，這樣的建議也很常見。著手的方法很簡單：

一、**拿一張紙，列出所有讓你生氣的事，並寫出你的性格優勢與劣勢**。寫在紙上，可以化解你的抗拒之情，讓你更看清自己。請認真檢視你的答案，以更理解你在外人面前的樣貌，你的喜好與厭惡，其他人做哪些事會讓你開心，哪些使你倒胃口。還有，最重要的是，你做什麼會讓別人開心或不舒服。

二、**接下來，列出幾個問題，花時間寫下答案並好好思考**：

- 什麼事物讓我痛苦？
- 我對哪些事物反應過度？
- 我對哪些事物太不敏感？
- 我對哪些事物有偏見？
- 根據自身經驗，我在哪些地方可能有盲點？

三、**最後，檢視你的答案，解釋你的過去為何會導致你寫下這些答案。**

- 你是不是從家人身上學到這些事？
- 你是不是從戀愛關係中學到這些事？
- 你是不是從朋友身上或是環境中，學到這些事？

請針對以上問題，詳細說明。

四、**利用你得出的新資訊，寫下你對自己又多了哪些認識，以及你未來打算如何更常展現優點，同時更敏銳察覺自己的缺點？寫下你馬上就能執行的行動計畫。**

十二步驟戒癮行為課程中常講一句話：「歇斯底里都是過去式了。」這是說，就算你曾經過度反應某一件事，或是太過遲緩、反應不足，那都是過去的事了。

請自問：我在哪些方面反應過度，投入了太多的精力？我在哪些方面反應不足？如果你需要在這些方面，與自己建立更深刻的連結，請好好呼吸、做冥想、接受治療或是多運動。

等你檢視過自己並做了該做的功課，**接下來**，你就可以坦率地檢視身邊的人。

在這部分，我會帶領學員做我所謂的「人生目標」演練。

首先，拿一張空白的紙，寫下六個人名：其中三人是你們互相認識的，而其他三人則只有你認識對方。這些人是否在世、甚至是不是現代人，都不重要。

接下來，針對這六個人，寫下三件你最崇拜他們的事（總共十八項）。

這看起來是針對身邊的人所做的簡單練習，但實際上揭示的，是你希望人生中所擁有的特質。

打個電話給朋友

提出理論，猜測要怎樣才能成為更有趣、更有價值的人，是很有意思的事。但要是有心想取得這項資訊，更好的辦法是直接去問。

想知道你具備哪些特質，能讓別人願意接起你的電話。請寫下生活中，五到十個隨時都願意接你電話的人，直接問他們：

- 你身上有哪些特質，讓他們願意對你這麼忠實？
- 他們最喜歡你身上的哪一種特質？
- 另一方面，他們認為其他人身上有什麼特質，使得他們不願意接聽對方的電話？

利用這項資訊，你應可更清楚看出你做對了哪些事，讓其他人喜歡你。還有，你應該避開哪些別人踩過的雷。

寫出你的自我推銷信

如果你想知道，把行銷思維應用到人際關係上，可以產生多大的威力，可以參考我和安妮的做法：寫份個人文案。基本上，這是你的「自我推銷信」。就算你已經有了戀人，還是可以針對友誼等人際關係，來做本項演練。或者，你也可以藉此展開對話，請另一半也寫一份個人文案，然後做比較！

乍聽之下，這項建議可能很不尋常或膚淺。但在你批判之前，我建議你想一想，我之前對於行銷和銷售的說法：行銷與銷售本身沒有好壞之分。至於這會對別人產生什麼影響，端看操作者的**意圖**而定。

如果想更了解該怎麼做，並獲得安妮本人的建議（再加上天才網絡提供的簡報資料，主題是「戀愛」和「如何建立與切斷關係」，由安妮和戀愛專家陳艾米〔Amy Chan〕主講），請上我的網站：www.JoePolish.com/WIIFT。

第4章

三大法寶，贏得好人緣

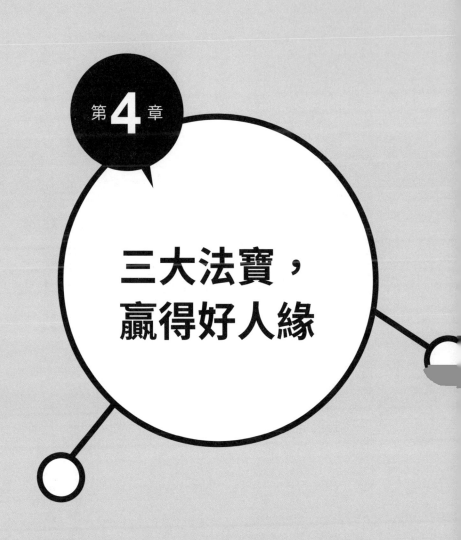

從某個層面來說，和他人建立連結就像呼吸和喝水，是我們每天都要做的事。很多人或許很重視獨處時光，但你不會聽到許多人說，他們想要過著與他人隔絕的生活。人要過著幸福快樂且有意義的生活，必須要感受到與別人有連結，這是生活的基本需求。

主動與他人建立連結，還有另一個好處，那就是可以讓你與人**維持聯繫**。而這也是事情變得棘手之處。一旦有人說，我是「地球上人面最廣的人」，我會有點猶疑。因為首先，這話並不精準。再來則是因為，說這話的人到底所指為何，也很難說。

「維持聯繫」對某些人來說，是負面概念。他們認為這樣是在趨炎附勢，或者不太誠懇，是貶低的意思。但其實，這和行銷或銷售沒什麼兩樣：本質上並無好壞，端看你的意圖以及如何運用。

從實務上來說，「維持聯繫」幾乎很少是壞事。相反的，這往往可以幫助你更快速達成目標，並發揮更大的影響力（理想上，你的目標應該包括幫助他人，以及推動人類向前邁進）。重點是，要維持真正的聯繫，要很努力強化自己**隨心所欲**與人建立連結的能力。我們必須要能在任何時候，與任何人搭上線。就算我們不見得**必須**、甚至不**想要**這麼做，仍應具備這種能力。

沒有哪一種人，是人人都該認識、且建立關係的。然而，為了達成重大目標，至少和某些高成就人士，以及在傳統定義下很富有、手握大權而且「很成功」的人建立連結，會大有幫助。當然，你要擋掉只想從你這裡撈好處的人。這些人多半也防衛心最強。

說是這麼說，當你身處在最艱難的環境之下，要怎麼樣才能做到這一點？如果你出手不闊綽，也不能請對方參加尊榮獨享的活動時，要怎麼辦？簡單來說，你要記住，對方也是人，也會有痛苦和不安全感，跟大家都一樣。

當中的細節，或許會有差異。但基本上，在任何情境之下，成為**有貢獻**、**心存感激且有價值**的人，是和他人建立起連結的三大關鍵。而且，這三大要項永遠不會失去光環，更不會退流行。其中的訣竅是，要知道哪些因素，能讓你在特定情境下，成為對某人來說很有用、知感激，或是很有價值的人。而答案就是，你要**全然投入**、**跟對方同頻率**，同時**體貼周到**！

以例子來說明，會更容易理解。

二〇二一年八月二十四日，我去加州探訪朋友克基區，他病得很重，住在安寧病房。我飛到橘郡時，有幾個朋友來機場接我，其中一位是提姆．林哥德（Tim Ringgold）。

題外話，我和提姆第一次見面，是二〇〇三年、他第一次參加十二步驟戒癮行為課程時。當時，我很投入當地的戒斷活動，而戒斷組織也很信任我，讓我擔任服務人員。在提姆斷癮初期的清醒復原期間，我們花了很多時間相處。之後，提姆也很願意公開談他的戒斷過程，並寫了《音律戒斷》（*Sonic Recovery*）這本好書，談到在戒斷期間，如何運用音樂治療。說了這麼多，我的重點是，有朋友來約翰韋恩機場（John Wayne Airport）接我，實在太好了。而且，對我來說，這可是花了十八年，才培養出來的關係！

同一天，我和提姆去了拉古納海灘（Laguna Beach）走走，談談彼此的近況。我們腦力激盪，為「藝術家的癮頭」（Artists for Addicts）計畫進行創意發想。這套計畫從二〇一六年開始推動，我想要繼續發展下去，用藝術發揮正面影響力，來扭轉全世界對於癮頭的看法，期待能從批判轉為同理。

我最早和製片家朋友兼天才網絡會員陳阿基拉（Akira Chan），講起這套計畫，也和另一位藝術家朋友裘恩．布區（Jon Butcher）提到這件事。短短幾個月內，我們已經開始拍攝一部關於「藝術如何治療創傷」的紀錄片，想藉此引起世人對於癮頭與戒斷的關注。最後拍出來的影片，名為《黑暗之星》（*Black Star*）。二〇一八年，該片在亞利桑那州賽多納市（Sedona）舉辦的啟發電影節（Illuminate Film Festival）上，贏得觀眾票選獎，更為「藝術家的癮頭」計畫，拍賣出價值超過二十萬美元的藝術品，籌得從事戒斷康復教育所需的資金。

我和提姆走走聊聊之間，我發現我和阿基拉，一直渴望繼續推動兩人藉由《黑暗之星》影片和「藝術家的癮頭」探索出來的想法。但我們都太忙，為了各自的事業和各種創意活動分身乏術。然後，我突然有個想法。當下，我拿出手機開始拍攝影片，紀錄我和提姆談到，他在音樂和戒癮康復方面的工作，甚至還在沙灘上就敲起鼓點節奏，來示範他的一些音樂療法技巧。

我把這段影片傳給阿基拉，想知道這會激發出哪些想法，但我不確定之後會怎麼樣。沒多久，阿基拉回覆了我，傳給我一部他自己拍的影片。

「我想也該把這部影片往下拍了，提姆很適合。」阿基拉說，「你就過來，我們來拍片吧！」

就這樣，我們想出接下來要做什麼，阿基拉和提姆也開始籌辦後勤作業。憑著這兩部影片，「要有助益」的概念，逐漸轉化成實際的價值與行動！一個月內，他們去拍了團體音樂治療的場景，後來納入到我們不斷壯大的「藝術家的癮頭」計畫當中，並與我的基金會（網站為GeniusRecovery.org）共同推動。

要催生出這些成果，我、阿基拉和提姆在每一次的交流，都必須互相交換**效用、感激之情與價值**。到底要交換什麼，會因為情境而異，也會因為我們多年下來的改變而有所不同。以探訪我的朋友克基區（他在二〇二一年九月九日過世）這件事來說，當時讓我覺得最有效益、價值且感恩的時刻，無關乎金錢或機會，而是一個願意和我分享經驗、且還特地來機場載我一程的朋友出現了。

推動人生的骨牌：基本上，在任何情況下要建立連結，都要把重點放在，成為有貢獻、心存感激或有價值的人，或者這三者的任意組合。換言之，這三項要素能為其他人帶來**正面的成果**。

要請你想一想的問題：對於生命中的其他人，你要怎樣才能做到有貢獻、心存感激、有價值、全然投入，且體貼周到？其他人要怎麼做才能對你展現這些價值觀？

人脈，從掌握「三大無價之寶」開始

對於維持關係與人脈來說，有三項要素是無價之寶：**效用**、**感恩和價值**。實務上，這表示要成為對他人來說有貢獻、心存感激且有價值的人。那麼，當一個人做到時，是什麼模樣？

從某種程度上來說，這三點都可以讓別人得到某些**成果**，有可能是實質或物質性的成果，比方說：更多錢（這是價值形式）、更乾淨的院子（有用的東西），或是更美好的生活前景（此為感恩形式）。應用這些原則可以得到的正面結果，可以說是多到數不盡。

而若要真正理解每一項，去想一想實踐這些原則的典範，或是從真實生活中找一些範例，會很有幫助。我要先來談一談「有貢獻」，因為這幫助我開啟了事業。

要有貢獻：找出需求，真正傾聽

你可能還記得，當我開始以**有貢獻**當作廣告賣點，也是我的行銷事業開始起飛的時候。

我編製的第一份、同時也是最有效的銷售信（我有請專業文案撰稿人幫忙），就是前文提到、我在一九九二年寫成的〈消費者地毯清潔指南〉。為了感受到什麼叫「有貢獻」，你可以更仔細閱讀內容。這份指南是這樣破題的：

閱讀本指南，您將會找到：

一、讓地毯清潔人員進入您家中之前，要問的七個問題。
二、選擇地毯清潔人員時，要避開的八項錯誤。
三、爬蟲與汙垢：本指南會讓你知道，如何清除各種滲漏、匍匐和奔馳在你地毯的黏液、髒汙和生物。
四、六個會讓你付出慘痛代價的錯誤地毯清潔觀念。
五、如何避開四種清理地毯時，會發生的敲竹槓事件。
六、如何讓您的地毯清潔人員，百分之百保證有做好自己的工作。
七、價值與價格的差別。

一般的地毯清潔指南也很好，但上述針對清理各步驟所列出的重點，讓我們的服務更上層樓！這是顧客可以使用網路之前的事，更別說作為行銷工具，威力有多大，還真的有人打電話給我，要我給他一本指南副本。最後，我把指南轉化成十分鐘的語音訊息，把指南中的所有書面資訊，拿來教聽眾。

你覺得，很多潛在客戶拿到這份指南之後會做什麼？他們會打電話問我：「你什麼時候可以來清？」這裡要注意的重點是，他們**不**問我「你要收多少錢？」因為我的「小精靈」型行銷系統已經替我篩選、分類並過濾了潛在客戶。

到了這個時候，他們早就已經接受了我的提案。最後當然會談到價錢，但他們已經決定要把工作交給我了。

* * *

在商業環境中，成為潛在客戶與客戶心中有用的人，並變成滿足他們需求的首選，是賺錢與成功的好方法。就算換成個人層面，這項原則也同樣有用。

在日常生活中，你希望自己的定位，是在多方面成為對他人有用的人。多數人都把「有用」想成，搬家時可以借卡車、或是坐擁游泳池的人，但「有用」可不只是這樣而已。（但擁有一部卡車，或是坐擁游泳池，應該也包括在內啦！）

具備高超技能或擁有實質資產，對他人來說絕對很有用，但怎樣才叫**真正**有貢獻，因人而異，也會隨著環境不同而改變。你能創造什麼效用，和你能拿出哪些技能很有關係。但真正的有貢獻，要從關心與良心開始，要在乎別人。

要做出貢獻，首先，要察覺他人的需求、渴望與痛苦。接下來，才是找出你可以在交流互動中，提供什麼幫助，以因應或化解這些問題。此外，有貢獻也涉及真正的傾聽。畢竟，不是每個人都知道什麼叫真正的傾聽。

王雪莉醫師（Dr. Cheri Ong）是取得專業協會認證的整形外科醫師，經營一家特約診所。她用一套三步驟的方法，詳細分析什麼叫「真正的傾聽」，是我認識的人當中，做得最好的一位：

一、**主動聆聽**：不要一直等著換你講，要全程投入對方和你講的事。如有必要，請向對方提問並重述他們講的話，以確認你完完全全理解他們的問題，把這些問題當成自己的事。

二、**同理，但不要反應過度**：理智上理解對方的問題是一回事，與對方有**同感**，並讓他們知道你感同身受，則是更有效的方法。其次，雖然你會很想提出解決方案、談談自身的問題，或是在回應對方的問題時提供無窮無盡的資訊，但千萬別這麼做！這樣只是徒增對方的壓力而已。

三、**提出很簡單就可以執行的解決方案**：在個人關係中，有時候對方只是想找個情緒出口。若是這樣，不見得一定要提出解決方案或批評指教。但在業界、職場或是對方請求協助下，你要確定你提的解決方案很簡單，可以輕鬆執行。

王醫師經手很多私密療程，包括陰道整形，而她的患者，都是頂尖的成功人士。她和患者之間的對話，是兩個人之間會有的最敏感、脆弱且私密的對話。王醫師備受推崇，是全世界公認最頂尖的陰道整形醫師之一。而她在執業時，大量運用了交心、同理和主動傾聽等溝通技巧。

就算非專業或醫療環境，傾聽也非常有用，超乎多數人的認知。傾聽讓你能進入他人的處境，去思考「**他們**想要什麼？」當你這樣和他人交流，你就站在真心付出的立場，去聆聽他們說什麼，並評估他們需要什麼。這和負面的**利用**他人，意思剛好相反。所謂利用別人，指的是投機與占他人便宜，以獲得短期好處。而且根本不想與對方建立連結、不願互惠，也不想培養人際關係。

一旦你真心誠意提供技巧或能力，或是以真誠互惠的方式運用對方獨有的才能，這和僅為了單向的交易而「利用」對方，完全天差地遠。

沒有人被利用，才是生活中與事業上的終極雙贏局面。此時，人是「發揮了效用」。丹提出一套他稱為「機會過濾器」（Opportunity Filter®）的思考工具，裡面提出了五項方法，這就是其中一項。丹指出，工作會以五種不同的方式，為我們帶來報酬。除了發揮效用之外，我們還會得到獎勵、贏得欣賞、受到推薦，與獲得晉升。

說到底，這五種剛好是**有貢獻**帶來的成果。

推動人生的骨牌：要成為有用的人，得從**關心**開始，這又可分為兩部分：要察覺他人的需求、渴望、痛苦與問題，然後提出解決方案。這麼做之後，也要當主動傾聽的人，要同理，不要反應過度，提出的解決方案也要很簡單就能執行。

要請你想一想的問題：你有沒有在人際關係中，做到上述關心的兩大面向？你要如何改進？

要感恩：事情是「為了我」才發生

講到感恩，我想不到比故友西恩更閃耀出色的例子。

西恩是我最好的朋友，也是我見過最風趣的人。他罹患脆骨病，天生就有骨質形成不全症（osteogenesis imperfecta）。不到十八歲，他的身體已經斷超過兩百根骨頭，必須靠輪椅代步。

西恩從小就受盡別的小孩嘲弄，面對劣勢，他必須速戰速決，努力克服。到了某個時間點，他決定把得到的負面關注，變成幽默、關懷、憐恤，以及很棒的演說事業。

他想，如果別人不管怎麼樣都會多看他一眼，他或許也可以成為公眾演說家。他的身高雖然不超過九十公分，但他站上講台時，無疑是個巨人。

在他漫長的事業生涯中，他成了治療師、催眠師和博士。他在柯林頓擔任美國總統時，當過白宮實習生，他到學校演說，並到監獄發表TED談話（TED Talk）。他去上吉米．金摩（Jimmy Kimmel）的節目，他的影片《三尺巨人》（*3 Foot Giant*）

登上A&E頻道，他寫了一本書《拒絕可是的人生》（*Get Off Your "But"*），講如何放下藉口，讓自己過著更美好的人生。

他的人生經歷過的痛苦，不下於我認識的任何人，但他永遠面帶微笑。即使面對挫敗和失意，西恩向來會說：「遭受拒絕，是神在保護你。」就連無神論者都懂這句話的含意。他在任何情境下都能拿出來用的工具，就是風趣和感恩，一直用到他的生命終點。

二〇一九年八月二十八日，西恩在家出了輪椅意外，他的妻子明蒂（Mindie）帶著他衝向醫院。西恩在路上傳訊息給我，抵達醫院時就在停車場與我視訊。在此同時，我也快快趕過去，希望在醫師為他施行搶救手術前，見上他一面。

即便事態如此嚴重，西恩仍體現他要傳達的訊息，直到人生終點。他在病床上留下的遺言是：「不是這種事發生在我身上，而是**為了**我才發生這種事。」

簡言之，感恩是對於人生與活著，感受到的喜悅。你愈是能**真正**感激，就愈能**主動因應**人生，而不是**被動回應**。

對人生以及身邊的人表達謝意，是很可貴的生活技能，但「感恩」不見得是天性。你要好好練習。因為我們很容易就覺得，沒什麼好感謝的，待人處事時表現出一副本該如此的樣子，或者永遠都在雞蛋裡挑骨頭。可是，這都是壞習慣。

我親身見過很多不知感激的人，就算別人（有時是我，有時是我朋友）為他們做出很了不起的事，也不為所動。通常，自以為是、不知感激為何物的人，會散發出「拿取」、卻不願意付出的能量。也因此，拿取者多半也是不知感恩的人。

這當中隱含的啟示是：付出的人通常很感恩。有趣的是，你愈是付出，你就愈知感恩。

如果你去街友庇護所或是任何地方當義工，你會看到你的付出給了接收的人什麼樣的能量。你會理解到你的能量，和其他人締結了真正的精神連結，而這會讓你的感恩肌肉更健壯。事實上，看到這些事會為你重新充電，讓你倍覺有勁！

這時候，你會發現感恩是雙向的。你對這個世界感恩，但也需要有來有往，讓你可以繼續壯大。畢竟，你對這個世界付出了很多，如果不願接受他人的支持與幫助，到最後你也會耗盡。

推動人生的骨牌：感恩是**對於人生與活著，感受到的喜悅**。心存感激的人，能主動因應人生，而不是被動回應。回過頭來，這會讓你更有吸引力，並帶給你更正面的能量。因為這樣，付出的人多半很感恩，拿取的人則通常不感恩。

要請你想一想的問題：在生活中，你在哪些方面如果更加感恩，會給你更多的歡愉，也會讓你更有能力主動因應情況，而不是被動回應？

要有價值：牛排還是莓果碗，因人而異

價值很難量化，因為當中包含了我到目前為止講的一切，甚至還不只於此。價值也非常主觀。不管是真實的價值，還是認知的價值，都是當事人說了算。

從某方面來說，價值是某些人具備的無形特殊因子，有時候是他們眼裡的光、是一種獨特的機制，或是他們走進來時的氣場。

如果以這個原則來看，我很難不想到故友克基區。

跟很多特別、讓人覺得很有價值的人一樣，克基區有獨特的人生觀與生活經驗，這也讓他成為如此出眾的人。他很早就成為大富翁，多數人覺得富裕人士該擁有的身外之物，他都有了。他有美女相伴、賓士敞篷車、海邊別墅、出色的事業和成功的企業。有一天，他在健身房出了意外，導致癱瘓。

在那之後，克基區又接連遭遇打擊。首先，事業夥伴偷走了他大部分的錢，接著女友也離開他。最後，他腰部以下永久癱瘓，失去了行動能力。

他在一九七〇年代損傷脊椎，當時的醫療技術還未能醫治他。他遭宣判要在輪椅上度過餘生。即便如此，他仍是我認識的人當中，最迷人、最有魅力的人。而他更善用情境，讓個人魄力、熱情和魅力發光發熱。

受傷之後，他重新檢視自己的生死信念。他想，雖然科技一直在進步，但等到相關技術發達到可以治癒他時，他已不再年輕，也不太能享受人生了。想到這一點，他開始思考：如果有辦法延長人類的壽命，超越大家認為的極限，那會如何？

面對這個大哉問，克基區先是花了好幾年籌資，進行癱瘓研究。但之後，這個問題帶他走入全新的方向，轉向延長壽命。

克基區成立了非營利組織，專門研究延長生命，並尋找延長壽命的全面與綜合方法。雖然克基區在二〇二一年九月九日「過世」，享壽七十八歲，但現在的他被冷凍在亞利桑那州史考茲戴爾市（Scottsdale）的阿爾克（Alcor）基金會，也許有一天克基區會回到我們身邊，讓我們知道他完成「克基區信條」（Kekich Credos）中的第一百號任務（要查看完整的《克基區信條》清單，請上我的網站 www.Joe-Polish.com/WIIFT）：

生命的目的，就是延遲、避免，最終逆轉死亡。

有一句老話說：「如果你想要讓對方買單，你必須透過對方的眼睛去看。」我們可以這樣來解釋價值：有價值的東西，必定是他人真正**想要**的東西。從某種意義上來說，有價值不一定代表「公允」。

這又回到我所說「你不是自己的顧客」概念。**你**會根據自己的背景條件，用特定的方式來回應某個人，但並不代表其他人也會這樣做。我們不可擅自決定別人想要什麼、需要什麼。

某些時候，價值和感恩有相同的起點，都始於關心，與認真對待別人想要的事物。但兩者的差別是，價值不是直接給予對方他們想要的。對他人而言有價值的人，會**體現**對方想要的東西的本質。

從另一方面來說，這表示，比起另外兩項原則，價值的重點更在於對方的自我價值與自我形象。這個世界很大，價值則是相對的。這表示，任何人都有可以發光發熱之處。

還有一種說法是，青菜蘿蔔各有所好。如果你想把菲力牛排賣給蔬食主義者，不管你是多出色的推銷員，成果可能不怎麼樣。同樣的，你也不太能把以植物為基底、富含抗氧化物的巴西綜合莓果碗，賣給靠速食過日子的人（從文獻紀錄來說，生活中有很多糟糕的事，三不五時就來一口速食，真的不算什麼。而且，就算是巴西綜合莓果碗，健康程度也有上限！）

人生中，每個人都是一種食物，不管是牛排還是綜合莓果碗，你能說誰比誰好嗎？莓果碗和牛排都很有價值，但價值能不能受到認可，則要視情況而定。

我年輕還在吸毒時，用毒加上放任自己身陷險境，我常常差一點就死掉。但在那些時候，如果有人帶著毒品出現在我家，對我來說，沒有誰比那人更有價值。

事實上，對我這個毒蟲而言，藥頭非常**有貢獻**，他們過來時，我真是**感激不盡**！他們握有極大的力量，可以掌控我的世界，他們對我來說**很有價值**。因此，什麼叫「真正有價值」，什麼又「顯得很有價值」，永遠都有得吵。以上情境很明確地闡述了這一點。

這些例子都證明，要有貢獻、心存感激與有價值這三項原則非常重要，我們可以（也應該）盡可能體現。然而，比較幽微的事實是，這三項原則經常彼此衝突，但我們能根據情況，不斷調整自己的狀態。

請想一想：房間裡最知**感恩**的人，同時也最有**價值**（或最有**貢獻**），這種事有多常發生？或是，最有**貢獻**的人也最有**價值**，這種事有多常出現？

說實話，心存感激向來大有助益……尤其，如果你還不能做別人需要的事，心存感激更是絕佳利器。如果你沒有太多技能，也沒有太多人脈連結，但你積極學習、保持樂觀，並展現充沛精力，你的熱情和投入會引發關注，而你也能慢慢培養出技能，並建立人際網絡。

但要是你踏上了權力的巔峰，卻在談判桌上表現得過度感恩，同處一室者的反應，會大不相同。

推動人生的骨牌：能不能成為有價值的人，重點在於對方的自我價值與自我形象，因此不見得是公允的。價值可以包括效用和感恩，但這通常也是當事人說了算。對他人來說有價值的人，會視情況而定，**體現**對方希望自己能展現的特質。這也代表，每一個人對他人來說，並非同樣「有價值」，但這也不一定是壞事。

要請你想一想的問題：此時此刻，在人生中，你認為他人身上最有價值的點是什麼？你認為，多數人覺得你最有價值的地方是什麼？

讓人際網絡擴大到超乎想像，祕訣是……

我們很容易就用理性，來看待每一次的人際交流。但基本上，每一個人要找的都是愛，只不過我們常跑到錯誤的地方去找。

我們應該遵循的洞見是：如果知道某些地方不對，那就該去**對的**地方尋找。就算那些地方看起來很違反直覺，或者是讓人抗拒，也不可避開。一般來說，我們不想去看的事物，或是不想開口尋求的幫助，通常都是我們最需要的。

知名作家喬瑟夫．坎伯（Joseph Campbell）說過：「你害怕進入的洞穴，藏有你尋找的寶藏。」

你可以把這個想法，和「跨出舒適圈」或是「探索新領域才會成長」結合在一起，這個概念在人生中總是一再出現。人並不是天生就有用、知感恩或有價值，必須**努力**才能達到這種境地。

不要期待能為你帶來美好人生的特質，會從天上掉下來。這只是自以為是，跟感恩恰好相反。反之，你要主動尋找機會，多問自己問題，以磨練出這些特質。例如，**有什麼事我可以幫忙的？此時此刻我要感恩什麼？我要如何才能為世界，提供更多價值**？當然，剛剛談過，說到價值，必須區分什麼是真正的價值，什麼又是有待辯證的價值。然而，光是意識清明地活著，你就有價值。你很有價值，因為你是你，因為你存在，什麼都不能改變這一點（但我們會發現人很容易就忘記這件事）。

本書講的價值，建立在這個事實之上。而從屬價值（secondary value），指的是你如何與世界互動，以及其他人如何回應你。別人對你的看法並非完全不重要，某種程度上確實重要，我要說的是，不要用每天都有起伏的事物，來衡量自己的價值，你必須堅守善念和個人價值，然後付諸實踐，讓其他人也看得到。

很多人在生命中，很可能是在接受他人的貢獻、感激與價值後，感受到當中的威力。當陌生人展現出感激或貢獻，會讓我們心情大好，一整天快活很多。一旦我們和**幾乎時時刻刻**都心懷感激、對他人有用處或有價值的人，建立起連結，則會改變我們的整個**人生**！我把這些人稱為「第一張骨牌」，因為他們的影響力極大，啟動了我們生命中的連鎖反應，讓其他「骨牌」也到了正確的位置。第一張骨牌還有其他形式，像是改變人生的經驗，或是從書中悟出的了不起想法。但通常來說，能讓我們體會到靈光乍現時刻的，通常是人。

我們可能希望，來到生命中的人，成為自己的第一張骨牌。但我們常常忘記，自己可以（也應該），成為別人的第一張骨牌。這麼做，就能踏出舒適圈，讓我們更有機會遇見能成為自己的第一張骨牌的人。

重點是，大部分時候，這些人、這些經驗都不會憑空掉下來。要找到對的人或經歷，你必須投入心力去創造、去製造。要讓別人認為你有價值，你不能乾坐著，期待有什麼事發生在你身上，或者為了你而發生。你必須讓這些事發生。如果你只是呆呆等著，希望有人發現你，你很可能要等一輩子。

舉個我生活中的簡單範例。多年來，我一直發送個人化的生日影片給很多人。這麼做很簡單，但這創造出很多優質的關係，也激發我某些朋友跟著這麼做，並替我帶來了許多機會。如果你輸入「Joe Polish Happy Birthday」（意為：喬・波力士生日快樂）在網路上查一查，就會找到幾個範例！

假設你每天寫五到十份個人私函、明信片或卡片，去讚揚、感謝別人，或是分享文章、影片，甚至是和對方有關的梗圖（但我要先說，前提當然是，他們想要收到你發出的訊息），為期一年。從現在算起，一年內，你的人際網絡會擴大到超乎想像，別人也會認為，你是關心別人、很有用、有價值而且很體貼的人，遠高過你目前得到的認可！

這是我私有的成功祕法。不過，就算我在本書裡公開寫出來，我也知道很少有人會去做。但如果你做了，這會讓你的人生和事業大不同。

要成為有貢獻、心存感激、有價值的人不必大費周章，但也沒有人說這是簡單的事。

推動人生的骨牌：如果想演練「有貢獻、心存感激、有價值」這三要素，每天發訊息給五到十個人，表達欣賞、幽默感或單純打個招呼。少數這麼做的人，會發現這當中蘊含改變人生的力量。

要請你想一想的問題：如果你許下承諾，發送訊息給你生命中的某些人，你最期待與誰重新取得聯繫？

相處不順利？問問自己兩個問題

我動手寫這本書的時間點，是我在放自己長假之前，並在放假期間持續寫。我要用這段時間，替自己與人生重新充電，之後帶著新的觀點再回來。那時，我失去了一些摯友，包括我在書裡一直提到的克基區和西恩。我的人生觀點也因此改變。當你遭遇這樣的時刻，很容易去批判、打量別人，或是陷入比較當中，就算你的人際關係很順利也沒用。然而，隨著摯愛的人離開，你也會開始做一些事情，希望爭取到更多時間，並在心裡挪出更多空間，聚焦在你們共享的美好上面。

你要明白，多數人就算搞砸了，他們也是盡力想要做到最好。如果能及早理解這一點，就能獲益良多。不過，這不表示就算對方丟你手榴彈，也還要相處下去。事實上，你應該遠離這些人。但這確實代表，你愈理解人性，就愈能明白**你也會對別人丟手榴彈**，並知道以後你要如何停止這樣的行為。一旦你能理解，你或許也能教會別人，放下他們的手榴彈。

如果想做點練習，運用我的朋友凱斯・康寧漢（Keith Cunningham）的「思考時間」（thinking time）會有幫助。坐下來問自己一個問題：「我要怎樣做，才能對我的公司、客戶、社群和家人更有貢獻、心存感激且有價值？」然後再問：「對那些人來說，我做什麼會**毫無**貢獻、**不**知感恩、**沒有**價值，且**不**體貼？」

在這些問題上，各花十到十五分鐘思考，會讓你想到源源不絕的構想和機會，讓你成為更好的人。做這項練習，也能讓你更清楚察覺到，你在哪些方面沒有貢獻、不知感恩、沒有價值且不體貼，以及在哪方面可以多做一點，以增進自己的人生。

推動人生的骨牌：你要明白，多數人就算搞砸了，他們也是盡力想要做到最好。如果能及早理解這一點，就能獲益良多。但這不代表，你要容忍別人的惡行，而是指明白這一點，也可以幫你理解自己。

要請你想一想的問題：在人際關係中，有哪些你可以用更多的包容和耐心相待？哪一些又是要多保持距離的關係？

推動人生的骨牌：

- 基本上，在任何情況下要建立連結，都要把重點放在，成為**有貢獻**、**心存感激**或**有價值**的人，或者這三者的任意組合。換言之，這三項要素能為其他人帶來**正面的成果**。
- 要成為有用的人，得從**關心**開始，這又可分為兩部分：要察覺他人的需求、渴望、痛苦與問題，然後**提出解決方案**。這麼做之後，也要當主動傾聽的人，要同理，不要反應過度，提出的解決方案也要很簡單就能執行。
- 感恩是**對於人生與活著，感受到的喜悅**。心存感激的人，能**主動因應**人生，而不是**被動回應**。回過頭來，這會讓你更有吸引力，並帶給你更正面的能量。因為這樣，**付出的人多半很感恩**，拿取的人則通常不感恩。
- 能不能成為有價值的人，重點在於對方的**自我價值**與**自我形象**，因此不見得是公允的。價值可以包括效用和感恩，但這通常也是當事人說了算。對他人來說有價值的人，會視情況而定，體現對方希望自己能展現的特質。

這也代表，每一個人對他人來說，並非同樣「有價值」，但這也不一定是壞事。

- 如果想演練「有貢獻、心存感激、有價值」這三要素，**每天發訊息給五到十個人，表達欣賞、幽默感或單純打個招呼**。少數這麼做的人，會發現這當中蘊含改變人生的力量。
- 你要明白，**多數人就算搞砸了，他們也是盡力想要做到最好**。如果能及早理解這一點，就能獲益良多。但這不代表，你要容忍別人的惡行，而是指明白這一點，也可以幫你理解自己。

演練與行動步驟

超強人脈養成！明信片挑戰

有一個最棒、也最簡單的練習，可以大幅拓展任何人的人際網絡，但很少有人真的會去做：

每天發訊息，給你日常生活中的五到十個人，表達你真心的欣賞，或是分享有價值、有趣或有用的事物，或者只是感謝曾經幫助過你的人。

你可以發給員工、朋友、潛在客戶，甚至是業界人士。如果你想了解更多和明信片挑戰有關的資訊，請上我的網站（www.JoePolish.com/WIIFT）。

編製「第一張骨牌」清單

我們之前提過，帶你走上更好道路的「第一張骨牌」，威力強大而且非常重要，怎麼強調都嫌不夠。如果在生命中能找到這些骨牌，可以讓自己以及身邊的人，都變得更好。

但我們遇到這些人、或有了這些經驗之後，常常沒有追隨、記取那些骨牌。我的核心原則，是要成為付出的人。而成為付出者意味著，你要體認並珍惜「第一張骨牌」，他們引領你走向正向軌道、或者說「小精靈」型道路。把這些骨牌放在心上，就是本項演練的目的，操作如下：

一、**以健康、財富和人際關係等面向來說，誰是你的第一張骨牌？**不要只是一一列出人名，請寫下你們最初如何相遇，以及早期相處的經驗，愈詳細愈好。

二、**同樣是這些面向，你又是誰的第一張骨牌？**同樣的，不要只是列出姓名，請寫出整個故事。在這一題中，你可能在某個領域是某人（或是某幾個人）的第一張骨牌，但換了另一個領域就不是了。這問題的重點在於，說明你在人生中哪個部分，對別人**付出**最多，也請你記下來可以改進的面向。

三、**最後，帶領你在這三個領域，走上「小精靈」型方向的第一個人、第一本書、第一個想法與事件是什麼？**同樣的，除了條列之外，也請寫下其他細節，講一講這件事對你有什麼影響，或是你有什麼感覺。

你在做這項練習時，同時也完成了很多件事。首先，你編製出要感恩的人和事，他們在你的生命中，發揮了最大的影響力。這張感恩清單能提醒你，珍惜那些事物，或重新與那些人搭上線。其次，演練中的第三題，可以當成小抄，讓你知道，**你**要如何把第一張骨牌的影響力，再傳遞給其他人！如果你希望在某個領域提供更多價值，請檢視這份清單。要是有人請你幫忙，你可以向他們推薦哪些人？你可以介紹哪一本書？

第5章

究竟，你會不會交朋友？

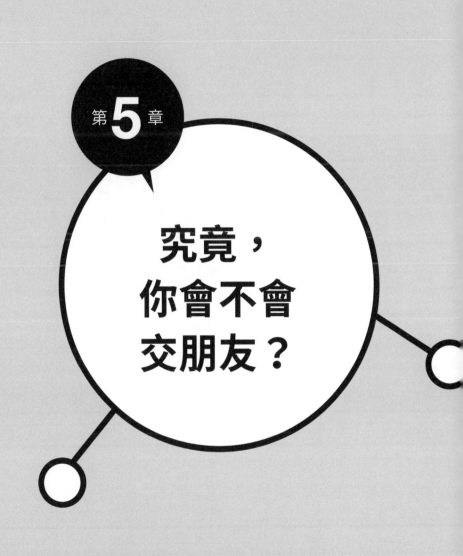

人生中最緊密的聯繫與最好的人際關係，追根究柢來自於最簡單的事物。而這通常和「展現真心」以及「用他人想要的方式對待他」有關。

這讓我想起，第一次和理查爵士會面的情形。

整件事起於二〇一六年，有個朋友打電話問我：「你想不想和大富翁理查・布蘭森見個面？」

「好啊。」我回答，「那我要注意什麼？」他告訴我，他有朋友和理查一起籌備晚宴，但至少要捐五千美元給他的慈善基金會——維珍聯合（Virgin Unite），才能出席。我想了大約三十秒，我決定捐出門檻金額三倍的捐款。

我之前也捐過這麼多錢給其他基金會，還有，我當然也很想見見理查。我覺得，有機會看到他並與他搭上線，價值絕對超過入場門票。

晚宴上，顯然我不是唯一這樣想的人。大約有一打人，都想盡辦法爭取時間與理查聊聊，但全都是很嚴肅的問題。比如，請他談談氣候變遷、商業策略，諸如此類。

晚宴主辦人是創辦Headsets.com網站的麥克・費斯（Mike Faith）。理查親切和善地對待每位來賓，但我知道我得和他聊別的話題。我心想，他可是簽下性手槍樂團（Sex Pistols）的人。他經營維珍唱片公司（Virgin Records），他往來的對象都是歌手和搖滾明星，還從熱氣球上跳了下來！（他後來更創辦維珍銀河公司〔Virgin Galactic〕登上太空。）

我們都圍坐在一張長桌旁等著上菜，此時我問他：「嘿，和席德・維瑟斯（Sid Vicious；按：性手槍樂團貝斯手兼合唱）以及約翰・理頓（Johnny Rotten；按：一九七〇年代時性手槍樂團主唱）這些人相處，是什麼感覺？」他的眼睛馬上亮了起來。

這場晚宴，是為了慈善募款。這是很嚴肅的事，但沒有理由不能找些樂子。隨著我們愈聊愈深，他也開始喜歡我。而且，受到我的問題影響，對話的調性也漸漸改變。很快的，理查開始問起身邊的人，幾歲失去童貞！

大家都放鬆下來，對話也轉向維珍聯合，以及這個基金會的宗旨和使命，也就是：團結全世界的創業家，為了正向的志業而努力，包括支持貧窮國家的創業家。這項使命和我完全契合。

隨著夜漸深，我也分享我如何運用行銷（具體來說，是使用教育導向的行銷方法），來喚起人們對於慈善活動的關注。聽我講完之後，理查非常感興趣。

當晚活動結束前，他問我，「你能不能寫成文字版給我？」並且給我他的電子郵件。

那晚之後，我捐了很多錢給維珍聯合基金會，隔年也另付出席費給理查，請他來我主持的直播平台，發表線上演說（我從中學到的另一課，是要對自己的構想有信心，把資金投注到，靠你動嘴就可以成真的事物上）。

之後，事情進展很快。過沒多久，我訪談了理查的基金會主管，甚至請來理查，在天才網絡的活動裡演說。隨著我們之間的關係深化，我也成為維珍聯合最大的募款人。此外，我幫忙他們發展了商業模型，這套模型他們沿用至今，也替他們找到了幾百萬美元的資金。而我也獲得了一些新見解，理解為何很多基金會並不像他們宣稱的這麼好（同時也學到，如何經營我的慈善基金會）。

同樣的，如果當時我沒有用理查想要的方式對待他，就沒有這一切了。雖然有時候，對方希望受到的對待會跟**你**想要的一樣，但強調當中的差別非常重要。

推動人生的骨牌：人生最美好的連結，來自於知道對方希望受到什麼樣的對待。而會成功還是失敗，通常只差在最微小的細節上。

要請你想一想的問題：你會使用、或可以運用哪些技巧，以更了解別人希望的對待方式，而不是光靠自己猜想？

記住，你不是自己的顧客

我在戒癮恢復的過程中，遇到來自世界各地很有趣的人，其中有一位女性施虐狂。

她對我說了很多關於男人的事，其中有些人很有名，這些名人會付錢給她，不是為了性愛，而是希望受她支配。很多付錢買她服務的男客人，會希望被羞辱、受責罵、遭責打，諸如此類。

我們愈聊愈多，她解釋，這是雙方合意的行為，就算情感與生理上很痛苦，但那些男人樂在其中。她也透露，這種工作對她來說，是發洩方式。由於她的背景之故，她對男人懷抱著很多憤怒與憎恨。她告訴我她一直很糾結，她認為她和她的客戶都有性成癮的問題，這也引發了一些問題：他們的行為有多少是出於治療目的，又有多少是為了滿足需求的衝動？

不管是哪一種，這個故事的重點，不是指責人們的性喜好，而是揭示了人會受到不同的事物吸引，會用很多不同的方式湊成對。至於你喜不喜歡那些方式，那不重要。

基本原則是，你不見得能解釋，人喜歡某事物的理由。換句話說，如果你想找出解釋，可以寫出一整本小說了。

以我認識的這位女性施虐者來說，從童年到長大成人，她一生中與男人相處都沒好事，這也形塑了她的性格。隨著她成年，這些經驗影響了她的職涯，以及她如何發洩這股厭男情緒。

至於她的顧客在想些什麼，我也只能猜測。他們或許也有複雜的成長背景，各自有問題需要克服（此外，他們說不定也渴望得到快感，但他們的快感通常伴隨痛苦而來）。

你可以從另一方面，來想這些事。愛聽鄉村音樂的人，能夠欣賞不同風格的撥弦、嘶喊和悲傷的歌詞。喜歡重金屬的人聽不出其中的細微差異，但是他們非常了解高速且規律的擊鼓、強烈的吉他旋律，也知道不同的主唱多有才華。

換言之，每個人喜歡的東西不盡相同，就好比你的喜好也跟別人不一樣。這也是我所說的道理背後的真義：**你不是自己的顧客**。

在生活中，你永遠都在向別人推銷你的想法、興趣和熱情，以便和他們建立連結。這跟你在職場上要做的事一樣，要銷售產品或服務，以換得金錢或爭取到客戶。但想要真正達成目標，你必須從**另一方**的角度，來理解這場交易。

想想看，這對別人有什麼好處？締結新的連結對你來說或許很棒，但對另一個人來說有什麼甜頭？而他們需要哪些東西，是你可以提供的？

如果不看締結新連結、或向人兜售事物，這種比較大的範疇，改拉到比較小的層次來說，重點是要學著如何和身邊的人說話與交流，以便和他們建立關係，但同時又能真正做自己。

而要做到這一點，你必須知道對方喜歡什麼。

推動人生的骨牌：若要與他人建立連結，請記住你不是自己的顧客。你喜歡的東西，不見得別人也喜歡。

要請你想一想的問題：在人生中，有沒有任何你多想一想身邊的人喜歡什麼，就可以更輕鬆化解的情境？

原來，「愛之語」藏在抱怨裡

要知道別人喜歡什麼，最簡單的方法，就是觀察對方，傾聽他們說話。例如，哪些事物會為他們帶來歡樂？他們對哪些事物感興趣？哪些話題讓他們一開口就停不下來？他們會**抱怨**哪些事物？

有一個講法：你最常花時間相處的五個人總合起來，成就了當下的你。這個概念蘊藏著大智慧。但應用到抱怨上時，人們有時候會做得太過頭。他們說，抱怨的人就是負面的人，如果你想成為正向、持續成長的人，身邊不能有負能量的人。

我的看法不同。有時候，跟對的人在一起時，我超愛抱怨！

就像其他方法一樣，抱怨也能讓你了解對方。抱怨會幫你找出，是什麼事情導致對方受苦，而你可以提供哪些他們想要的東西，以緩解痛苦。

《愛之語》（*The 5 Love Languages*）的作者蓋瑞．巧門（Gary Chapman）幾年前在一場研討會上演說，會後我去找他聊。他說：「如果你想知道某個人的愛之語是什麼，就去聽聽對方抱怨什麼。」

這真是真知灼見，而且可以應用到戀愛之外，在專業關係上也同樣威力無窮。抱怨是禮物，因為人會抱怨什麼，反映出哪些事物讓他們覺得痛苦。

雖然《愛之語》這本暢銷書寫於一九九二年，但在理解人際關係上，它仍然很有用、不過時。在他提出的模型中，他說戀愛關係裡的人，會想用五種方法付出與獲得愛情，分別是：肯定的言詞、精心的時刻、贈送禮物、服務的行動、身體的接觸。

蓋瑞的見解放在友誼和職場上，也同樣成立。差別在於「用語」不太一樣（事實上，蓋瑞還專為職場上的人際交流寫了一本書）。

一開始，先去看看對方的社群媒體，並做簡單的線上研究，你會知道對方在乎什麼。除此之外，你也可以對他們提問，像是讀哪些書？喜歡看什麼電影？讀不讀報章雜誌？有什麼業餘嗜好？

諷刺的是，人常常會很執著於展現自己的價值，不斷談到自己，完全不去問別人問題，也不想表現出任何好奇心。

但有一件事幾乎人人都愛，那就是去談他們感興趣的事物。

推動人生的骨牌：人很少會直接告訴你，應該怎麼樣對待他們。如果你想知道，請去了解他們的喜好。例如：哪些事物會為他們帶來歡樂？他們會抱怨哪些事物？而要把這件事做好，關鍵是懷抱好奇心、對他人真心感興趣。

要請你想一想的問題：哪些事物會為你帶來歡樂？哪些事物又會激怒你？與你的密友相比之下，你們寫下的答案又有哪些差別？

吃足苦頭，才學到的社交課

我和剛認識的人相處時，通常都是以講笑話為起頭。我會先講無傷大雅的笑話，來衡量對方有沒有我認為的「真正的幽默感」、喜不喜歡諷刺挖苦的笑話。我會用有點玩樂的語氣來講笑話，因為交流的重點不完全在於你說了什麼，更在於你是怎麼說的。利用這種方式，你可以漸漸判斷出對方的幽默風格偏好。

而要有效察言觀色，在人際交流當中摸索是重點，要知道你的語調和講出來的話在特定脈絡之下，是否適合特定的人。我從早期與丹的互動當中，吃了很大的苦頭才學到這一課。

過去二十年來我常和丹合作，幫助他發展策略教練計畫。然而，這個合作機會差一點就從我指縫間溜走了。這一切都要從一九九九年，我第一天擔任他們的資深顧問時講起。

諮詢一開始，我先會見了丹、丹的妻子芭布絲・史密斯（Babs Smith，她負責經營公司），以及團隊成員凱薩琳（Catherine）。當時的我年輕氣盛，再加上我的專業是行銷，我對於自己的技能極具信心，急著想讓大家見識一番。

因此，我在會議中一開始說的事情就是：「你們的行銷爛死了！」我根本不知道凱薩琳就是行銷主任！

就我認為，之後的會談進行得很順利，我竭盡所能為他們提出最好的建議。但我一開始的立足點就錯了。

丹隔天告訴我，他很認同我的構想和策略，但我必須讓公司其他人也認同。他還告訴我，我惹到了芭布絲。

「要影響別人有兩種辦法。」丹說，「你可以直接指出哪裡錯了，並告訴他們要如何修正，這是第一種。第二種是告訴對方什麼是對的，以及如何強化。這種方法不太會遭到抗拒，也比較容易讓人接受。第一種方法說：『你這裡那裡做錯了。』第二種方法說：『你這樣做就對了。』」

我馬上理解這是非常重要的一課，那一天我學到了一件很重要的事。

當我說：「你們的行銷爛死了。」他們聽到的，是我汙衊了他們辛苦的工作成果和專業操守。因為這樣，他們完全不想聽我說什麼，也不想運用我的建議與策略。雖然我之後非常努力，成為策略教練計畫裡，最多客戶推薦的人（到今天仍是），但我花了幾乎**五年**，才完全修復我和丹與芭布絲之間的信任。那是我永遠不會再犯的錯誤。

（還好，時至今日，丹仍將我視為他的摯友，他也從二〇一〇年以來，就是天才網絡與十萬美元小組的會員。他也是最常推薦我的客戶，我們更一起製播Podcast《十倍速暢談》。）

當然，就算立意良善的人，不時也會犯錯，說錯話造成尷尬場面，這是我們必須接受的現實。因為人生就是這樣！但重點不在於你會犯錯，畢竟，多數錯誤都有彌補的餘地。

在社交場合與他人互動時出了差錯，我總是會想到「**責任**」一詞。大家主要把「責任」解釋為，人類作為社會的一員，有該盡的義務。但我更想用「拿出能力來因應」，去思考責任。

很多人在搞砸了的時候，不會拿出能力來因應。他們的應變之道是視而不見，或者是把情況弄得更糟。我很愛的一句話是這樣說的：「**只有一件事比走音更糟糕，那就是大聲走音。**」

這是常識，但是你總會看到有人在社交場合中，一再大聲走音。

如果你和對方搭不上線、或是無意中觸怒對方，第一件事就是**不管你在做什麼都停下來，別再做了**。之後，你可以提問，找到自己的錯誤，接著再修正做法。就像老話說的，想要跳出洞外，有時候最好的辦法就是別再挖了！

面對錯誤時請謹記：你要不是成為贏家，要不然就從中學到東西。有時候，最大的失敗，是你沒有學到該學的教訓。不管什麼事，若想要做好，你一定要知道做什麼**沒用**。

推動人生的骨牌：有時候，如果不離開舒適圈，就無法培養出深刻的人際關係。但也要尊重對方的界線，不要一下子就逼對方離開舒適圈。面對剛認識的人時，試著鼓勵他們走出舒適圈，以締結真正的連結，但也要懂得察言觀色，理解相處的分寸。

要請你想一想的問題：在人生中，有多少人際關係，是可以靠著支持彼此踏出舒適圈來深化？這麼做又會如何讓你的人生，變得更豐富？

真誠代表赤裸表達情緒？我們對人脈關係的誤解

在經營人際與社交關係時，人最擔心的一件事就是，要怎樣才能做到「真心誠意」。

對很多人來說，真心誠意代表要有情緒，並且不管身邊有誰，都要赤裸裸地立即和對方分享。如果你這樣想，每當有人讓你生氣或反感、卻又無法馬上發洩，就會引發內心衝突。

你沒有大聲咆哮、大罵對方是王八蛋，這是不是代表你沒有做自己？別人看得出來你在自制嗎？當你在沉澱情緒或調整反應，代表你是在「假裝」嗎？

且讓我們往後退一步。首先，很多人對「真心誠意」有誤解。如果說，真心誠意指的是「不管在什麼情況下，就做你會做的事」，那麼，你在**任何**情境下做的任何事都是「真心誠意」的。很簡單，因為你做了！

其次，我們並非不知道自己內心真實的感知、或缺乏自我認同感（我們通常對這些都很有概念）。而是心中有一把衡量道德價值的尺、卻又推翻時，就會感到很不安。

換一種方式來說，根據情境行事與視情境決定道德標準之間，有**很大**的差異。如果以建立融洽的關係來說，這代表你表現得很自在、應變能力也很強，但你的道德良知很堅定。

如果要更清楚理解，你可以想想出色的治療師，面對遭受創傷、或談論難以啟齒話題的個案時的情境。

個案可能會對治療師說：「那王八蛋對我很粗暴！」傑出的治療師不會稍有遲疑，會以中立帶好奇的語調回應：「我懂。這個王八蛋做了什麼？」

治療師不會明說，但會讓個案知道，自己聽到了對方的憤怒，理解他們的立場，並請他們繼續說下去。他們不是靠說了**什麼**來傳達真正的用意，而是藉由說話的**方式**。

這就是廣為人知的鏡像技巧，可以讓交流的人放心，自在交心。在這個時候，治療師會持續使用個案的**語言**，但不接下客戶的**想法**。他們會在過程中把個案帶往新的思維方向，以減緩個案的壓力，讓他們的人生變得更美好。

而「鏡像技巧」的牽涉層面極廣，超過很多人的認知。我最早從銷售與說服領域中學到的概念，就可以套用在人際關係中。這個概念是「在人們會有反應的層級上，與對方打交道。」

這表示，當你在思考要怎樣對待對方，才能培養出感情，要懂得變通。就算在專業領域要表現得彬彬有禮、謙沖自牧，但和朋友相處時，也可以放鬆一下。因為這兩種狀況並不相同，需要不同的溝通方式，才能建立起友誼。就算都是朋友，你跟某些人相處可以聊政治，跟某些人就不行。有些人非常敏感，但對有些人胡扯，也不用擔心會傷了他們的心。不同的場合需要不同的溝通方式來培養友誼。同樣的，你可能也要用不一樣的態度面對不同的人。因此，就算你戲耍某個人、溫文有禮對待另一個人，並不代表你是不一致或不真誠的人。要說的話，這只代表你**一直**

為身邊的人著想。

無論任何情況，你或許有偏愛的行事與溝通方式，但你也可以因地制宜，去做對你來說不是那麼自然而然的事。事實上，有時候你可能**必須**這麼做，讓情況能照著你的意圖發展下去。這就好像雖然你很想，但你決定**不要**用滿滿的簡訊，轟炸暗戀對象（但你非常**希望**對方能時時刻刻傳訊息給**你**），或者你在打撲克牌時不動聲色，**不讓**其他人知道你拿到一手超棒的牌（但你很**希望**其他玩家透露手牌）。

上述的範例，都在說明為何你可以既仁慈體貼、同時**又是**不斷戲弄朋友的鬼靈精。或者，你可能是體貼的好情人，但在調情勾起對方的興趣時，你**又可以**故作驕傲冷淡。而身邊影響你行為的種種因素，決定了**一切**。一如以往，我們也可以從銷售當中，學到很多和這個主題有關的心得。

在銷售時，沒有經驗的推銷員常會犯下一個錯誤，就是**不停推銷**。顧客已經同意買下商品了，他們還是列出商品的種種好處，不停地說著那能如何讓他們的人生變得更好。千萬別這麼做！

人生就跟銷售一樣，提供價值時要即時且適量，就像老話說的：「**生菜沙拉與**

垃圾的差別在於時機。」在向人推銷，或是做你平常不會做的事情時，「最低有效劑量」（minimum effective dose）的概念很有用：你會希望把事情做完就好，不要再多了。

畢竟，一杯茶裡加一茶匙蜂蜜很美味。但如果你加了一茶匙、一茶匙又一茶匙，等你要喝茶時，會毀了整個體驗。

推動人生的骨牌：記住一件事，可以幫助你在社交場合釋放焦慮：你所做的每一件事都出自真心誠意，因為你做了。當然，根據情況改變行為，以更契合他人，這是可以的。會出問題的，是改變**道德**標準、並因此引發認知失調。

要請你想一想的問題：以你認為不真誠、或跟你三觀不合的行為來說，有哪些確實和你的核心信念與價值觀有衝突，哪些又只是新的嘗試或你不熟悉而已？

「他朝你游來嗎？」從海防隊學到的人際啟示

在考慮如何用對方希望的方式相待時，前提是我們不會**虐待**他們。這又是什麼意思？如果你已經為人父母，你家小孩每天都想要吃冰淇淋，那會怎麼樣？

表面來看，顯然小孩幾乎每餐都想吃冰淇淋。但從家長的觀點來說，容許小孩餐餐吃冰淇淋基本上是一種虐待，而不是善待。我們可以把善待和虐待，比喻成營養和口味，從這個方向來想。在**口味**上，我們可能喜歡冰淇淋勝過青花菜，但青花菜更營養。因此，讓小孩吃青花菜的家長，會比只給小孩吃冰淇淋的家長更善待孩子。

當然，小孩是很不尋常的範例，因為家長本來就要替小孩做很多決定，但不會替其他成人做這些決定。如果要將這一點完全套入成年人的世界，我們來看看癮頭的問題。

身為邁向康復的毒癮患者，我親眼看到很多成癮者，每天都樂於吸食飲用或是接過人家給的酒精、古柯鹼，或者投入性愛、賭博，大吃大喝各種食物、糖或是其他毒品、藥物，或是縱情於各式各樣的行為。而給他們這些東西，就是在殘害這些人。

即便如此，事情不見得是黑白分明（要視情況而定）。在某些情況下，對於有強烈性慾的人來說，在穩定交往的關係中偶爾看一點色情片，會是「比較好的爛選擇」，總好過跑去脫衣舞酒吧，或是每次當性衝動來襲時，就找一夜情。這當中有很多微妙之處，因為成年人最終還是要為自己的決定負責。但若想要留在對的這一邊，就要依自己的道德和人格標準行事。如果你知道某些做法會傷害對方（就算表面上他對你的做法反應「很好」），仍別這樣做。如果你覺得自己已經失控，請尋求協助。

這有一部分就要講回到，所謂責任就是我們要有能力去因應他人，這是我們對他人的真正責任。那麼，你的終極責任是什麼？你有一部分的責任，是要聚焦在自己的行動上。

多數人都希望受到有禮的對待，並得到他人的尊重、愛與關心。但如果你找健身教練來訓練你，你希望教練敦促你，而不是對你很寬鬆。

同理也適用於治療上。人為何要接受治療？是因為治療師會哄著病患，說他們講的每一句話都是對的嗎？如果接受治療的人，能明白自己哪裡走偏了、做錯了以及能怎麼改進，對他們更有幫助。如果對方有成長的意願，最好的做法是，以他們最終想要的方式相待。

我的故友西恩講過，發生船難時，海岸防衛隊會努力救**朝著他們游過來的人**。當然，海防隊員會希望救到最多人，但他們救人的時間與精力都有限，恐怕救不了每一個人。而朝著他們游過來的人，因為距離近，而且正在努力自救，去救這些人的話，就能想辦法拯救最多人。理解這一點很重要，因為這和你如何對待生命中的人、以及你要把心力投入在誰身上有關。

把資源花在你無法接近的人，或者是不珍惜、或不在乎這些資源的人身上，恐怕不是最能善用時間精力的方法。要成為能建立連結的人，除了聽他人說了什麼，也要看看對方的動向。打個比方吧，他是朝你游過來還是反向游走？

推動人生的骨牌：善待他人與虐待他人，就好像營養與個人口味之間的關係。為人父母知道只給小孩吃糖是**虐待**，就算小孩「喜歡」也不可以。成年人可以做選擇，你的責任是聚焦在：自己的行為會造成什麼結果。

要請你想一想的問題：在生活中，有沒有哪些部分讓你覺得分身乏術？這個領域裡有哪些人是「朝你游過來」，你是否把他們列為優先？

終於發現，我在和操縱者打交道……

有句名言說：「你騙不了誠實的人。」背後的道理是，如果你有良好的人格操守，別人就很難占你便宜。因為你吸引到、或建立關係的人，也都是品格良好的人。

從某個角度來說，這個道理很有力。這說明了做個好人、善待他人，對你和世界都有好處。但有附加警語。

無論你有多好、多麼誠實正直，你一定會碰到想要剝削你、個性很負面的人。

每個人都會，我也碰過。

當時，朋友介紹一個人給我認識，這人有意加入天才網絡。我見到他時，他看起來像是很適合這個網絡的高成就人士。

在天才網絡裡面，我們有一條規定，如果你是新人，會員都不認識你，你必須先參加兩萬五千美元的群組至少一年，才能晉升到十萬美元小組。這條規定是出於幾個理由。第一，我們想確定會員能在業務上先得到大量的好處，再做更多投資，進入更高階層。另一個理由，是想讓新會員熟悉我們用心討論與不斷精進的概念。

但最微妙的理由是，新會員至少在兩萬五千美元的群組待上一年，我、我的團隊以及所有天才網絡會員，才能更深入觀察此人的真面目。

現在回過頭去看，我應該更重視這條規定才是。

以這個案例來說，此人一開始就堅持要加入十萬美元小組，他不想從最初階開始。

「我真的想要這樣！」他說，「我可以的，我保證！」在幾次交涉之後，我們打破了這條規矩、容許例外，讓他參與。

在天才網絡中，十萬美元小組的會員也可以出席兩萬五千美元群組的會議，無須額外付費，這是福利。沒多久之後，我在每一場會議上都看到他。一般來說，我很鼓勵大家都參與，這樣可以散播更多價值，也讓兩邊的人多多聯繫。但以此人來說，情況有點失控。

一段時間之後，此人來找我錄製一項訓練課程，與一場他要做的直播，而且他想在我辦公室進行。這是有點奇怪的要求，畢竟我們沒有這麼熟。但他確實很投入這個團體，加上他是十萬美元小組的會員，所以我答應他去做，而且不收費。

接著，等到他第一年的會員快要到期時，他開始抱怨，並到處說天才網絡的私密臉書粉絲團，從沒讓他加入。

我有一點搞不清楚狀況，這顯然就是行政上的小疏失，沒別的了。畢竟臉書粉絲團是會員福利中很微小的部分。我甚感挫折，他的話中有話，讓我的團隊很不好過。但我們很快解決這個問題，因為這真的是我們的疏失。

遺憾的是，他不滿意。

臉書粉絲團事件變成他的「心結」。他一有機會就用這個小小的負面經歷逼我，抱怨他原本預期能從天才網絡得到這個那個，但實際上並沒有。當然，在整段期間，他仍參與所有會議，和其他人做訪談，也做了商業交易！

有一次，在一場天才網絡會議後，他又跑來逼我，說想要和我談談，整件事終於來到讓人忍無可忍的地步。我和助理尤妮絲花了一小時，認真聽他對整個小組的抱怨與他的保留看法，最後，他提了一個會讓他高興的解決方案：

「我想繼續參加十萬美元小組，但我也希望我太太一起來，我可以替她支付年費。但因為種種事件，我想如果可以給我一些折扣之類的，那就太好了。我認為，我可以替她支付大概五萬美元，然後明年免費。」

我驚呆了。基本上，他是要我給他七五折，讓他忘記臉書粉絲團沒有邀他入團！我連生氣都不想了，只是覺得這個人也太妙了，完全想不到接下來他還會說什麼。

就在我們講得很激烈之時，他又說了一些話揭露他的意圖：「你知道，我以前住飯店時會跟服務人員講一些話，這總會讓我得到免費住房的待遇。但我現在已經不這麼做了。」

他講的這句題外話，有了不同的意義。我看了看尤妮絲，我們的腦子裡靈光一現。

很明顯，我在和一個習慣操弄別人的人打交道，他現在對我故技重施。我心想：我不想要這種人出現在我生活中，尤其不想他出現在天才網絡的十萬美元小組中。

我以痛苦的經驗換得教訓，領悟到人生有些遊戲，如果想要贏，只有不玩一途。有些人會試著讓你覺得很愧疚，想要操弄你。如果這些人本來就很自戀、反社會或精神有問題，更會這樣。我們身邊有很多為了自己不顧一切的人，人活在這個世界上，不可能完全避開這些人。如果你是付出的人，就會和他們狹路相逢。隨著我年紀漸長、經驗愈來愈多，每一天我都體會到人生就是這樣。而明白這一點，對於你的人生會很有幫助。

如果你真的做自己，努力在世界上做付出者、而不是拿取者，這表示你盡了該盡的責任。萬一你該做的事都做了，還是碰上對方想要榨乾你，或是占你便宜，不要覺得那是應該的。你要看清真相，並且快快逃出來！我知道這種事說起來容易，做起來難，但難道有別的選擇嗎？

如果你是有吸引力的人（不管是哪方面），就會有愈多人想要從你這裡撈到好處。你愈是讓人予取予求，別人就會對你要求更多。因此，你反而更需要畫出明顯的界線，篩掉那些人。

一開始，有人開口對你提出要求，會讓你覺得很棒。但等到你沒有時間和精力滿足所有要求，這些要求就會榨乾你。問問任何名人就知道，他們在成名之前都渴望得到關注。但有很多人會告訴你，之後他們會覺得很沮喪、孤獨，甚至想自殘。成功與過於努力，確實會有陰暗面。

在這個面向，你能做的最好的事，就像是十二步驟戒癮行為課程裡講的，要去看進展，而不是追求完美。你為了成為付出者而培養的各種技能是雙面刃，會帶來好處，也有壞處。

為世界帶來很多價值可以替你賺很多錢，但也招來很多想要從你身上撈到好處的人。他們恨你、忌妒你，同時又懇求你推他們的志業一把，並幫他們付房租。

如果你是一個付出的人，你就要時時刻刻都能給。

待人友善、憐恤且付出關懷當然很重要，但不要任人欺侮。這個教訓，是我人生中必須因應的最艱鉅挑戰之一。

我真心喜歡幫助別人，但有時候，這讓我變成箭靶。最後，只有順利的時候，我身邊才有人。一旦情況不妙，就連個影子都沒有。

請從我身上學教訓：你要培養出友善仁慈，但同樣的，你也需要養成你自己的超級感應力，分辨出哪些人會榨乾你的精力、耗費你的時間、虛假不真實、欺詐騙取、信口開河……就如你在健身房時會特別練二頭肌，但同時也要練別的肌肉，道理是一樣的。

說到底，你想要成為真心、關懷別人與願意付出的人，並和其他同樣真心、關懷別人與願意付出的人建立連結。你可以盡你所能點出別人的不當言行，給他們機會調整，但你無法強迫他們改變。你能做的，就是保持距離，不再和這種人分享你的生活或事業。簡言之，人生的重點並不僅要和別人建立連結，更重要的是和**對的**人建立連結，和**錯的**人切割。

在這麼做之後，你要知道，所有的人際關係都需要努力經營與維繫。你還是要待人如**他們**喜歡的方法，並對別人懷抱好奇心、講他們的語言，不要時時刻刻都以為自己是世界的中心。如果你一開始建立的就是好的人際關係，就可以把維繫經營的工作降到最低。

從很多方面來看，人際關係和網絡，就好比是需要澆灌的花園。你必須找到適合的土地，種下很多種子，然後耐心等待種子成長。芽冒了出來後，你要知道哪些是雜草，並拔掉，以免威脅到其他植物的生長。

至於留下來的植物，你必須定期澆水，盡可能去照料它們。因為只有這樣，才能得到更美好的結果。

推動人生的骨牌：要接受就算你積極正向、樂於付出，還是會吸引到消極的拿取者。這是人生中很自然的事。但不表示你應該氣餒，而是要謹慎，隨著你不斷進步，不要被別人占便宜。

要請你想一想的問題：對你來說，成為積極正向、樂於付出的人，會比避開負面經歷更重要嗎？

推動人生的骨牌：

- 人生最美好的連結，來自於**知道對方希望受到什麼樣的對待**。而會成功還是失敗，通常只差在最微小的細節上。
- 若要與他人建立連結，請記住**你不是自己的顧客**。你喜歡的東西，不見得別人也喜歡。
- 人很少會直接告訴你，應該怎麼樣對待他們。如果你想知道，請去**了解他們的喜好**。例如：哪些事物會為他們帶來歡樂？他們會抱怨哪些事物？而要把這件事做好，關鍵是**懷抱好奇心**、**對他人真心感興趣**。
- 有時候，如果不離開舒適圈，就無法培養出深刻的人際關係。但也要尊重對方的界線，不要一下子就逼對方離開舒適圈。面對剛認識的人時，試著鼓勵他們走出舒適圈，以締結真正的連結，但也要懂得**察言觀色**，理解相處的分寸。
- 記住一件事，可以幫助你在社交場合釋放焦慮：**你所做的每一件事都出自**

真心誠意，因為你做了。當然，根據情況改變行為，以更契合他人，這是可以的。會出問題的，是改變道德標準、並因此引發認知失調。

- 善待他人與虐待他人，就好像營養與個人口味之間的關係。為人父母知道只給小孩吃糖是**虐待**，就算小孩「喜歡」也不可以。成年人可以做選擇，你的責任是**聚焦在：自己的行為會造成什麼結果**。
- 要接受就算你積極正向、樂於付出，還是會**吸引到消極的拿取者**。這是人生中很自然的事。但不表示你應該氣餒，而是要謹慎，隨著你不斷進步，不要被別人占便宜。

演練與行動步驟

「什麼事會惹惱我？」練習

人際關係就像鏡子，要待人如對方想要的方式，往往得先看清楚自己的內在。如果我們不反省、也不梳理內心，不免會帶著憤恨與傷痛，自以為別人看不到（但這些到頭來都會影響到，我們如何對待他人）。有強烈的情緒不是錯，但沉溺在當中，任憑情緒把你和其他人切割開來，就是問題了。還好，我們可以用**行動**來解決這個問題，第一步就是找出，是什麼事惹惱了你。

這就是「什麼事會惹惱我？」演練的重點。做本項演練時，請回答以下問題：

- **什麼事會惹惱你？**你的答案可能很具體，像是和朋友的不當言行有關。或者，也可能是周遭普遍的現象，或是你注意到的傾向。請全部寫下來（大約十件事）。

- **為什麼？**針對你寫下來的每一個答案，解釋為什麼這些事讓你感到生氣。寫得愈多愈詳細，愈好。
- **如何回到正軌？**同樣的，再針對你寫下來的每一點，寫下一項你可以執行、而且有助於你面對憤怒或憎恨的**行動**。你可能需要和朋友，來一場很難啟齒的對話。或者，你只需要少看幾小時的電視新聞即可（或是完全不看了）。

本項演練的重點，是找出讓你內心卡住的情緒，並用有益的行動予以消除。這麼做，可以釋放你的理性與感性，用開放的態度對待其他人與身邊的世界。

「如果事情可以照預想進行」計畫

完成上述練習之後，你就很清楚，生活中哪些事會惹惱你，或讓你覺得很挫折。接下來，你要跳脫憤怒的感覺，轉向**格局更大**的行動。換言之，你需要想出一套計畫，讓世界成為你理想中更好的所在。要做到這一點，請去找你在前半段練習中，範疇比較廣、而且比較抽象的答案，並回答以下問題：

- **現在事情是怎樣？**寫下引發這種情境或問題的原因是什麼，愈詳細愈好。如果是某一段人際關係，寫出不順暢、或是有歧異的根源在哪裡。如果是範圍更大的事情，比方說「政府」，請限縮到是哪個部分困擾你、事情是怎樣，以及為什麼會這樣。
- **如果事情可以照預想進行，那會怎樣？**就像上一題一樣，請盡量詳細寫出來。你最想看到哪些不同的結果？要有哪些過程，才會有這些結果？
- **哪些點子或人脈，可以幫忙把你的願景化成現實？**在這一題中，請寫下兩個答案。第一個答案聚焦在可能會有助益的計畫與構想上。第二個答案則放在可以執行的人身上。
- **為了落實構想與建立必要的連結，接下來該做什麼事？**針對你提出的構想和人脈，請分解成三個步驟，每一項都要寫出**什麼**、**誰以及何時**。比如，需要做**什麼**事？由**誰**去做？這些事在**何時**之前要完成？

人生中最困難的事，不是我們不想做出重大改變，而是不知道該**如何**去做。因此，整個情況會變得很讓人受不了，也讓我們變得很冷漠、絕望。

要扭轉這樣的模式，有一部分是要釐清我們想要什麼，以及我們希望別人怎麼樣對待自己。一旦弄清楚之後，我們就要做計畫，並付諸實行。有一個要記住的重點，是你需要和其他人建立連結，才能促成大事。而你也要理解，他們希望在人生中獲得什麼，以及想要受到怎樣的對待。明白這一點，對你的行動很重要。

雖然「如何好好理解他人」沒有標準答案，但利用本演練來了解自己，是很好的起點。

第6章

如何成為「讓人想認識」的人？

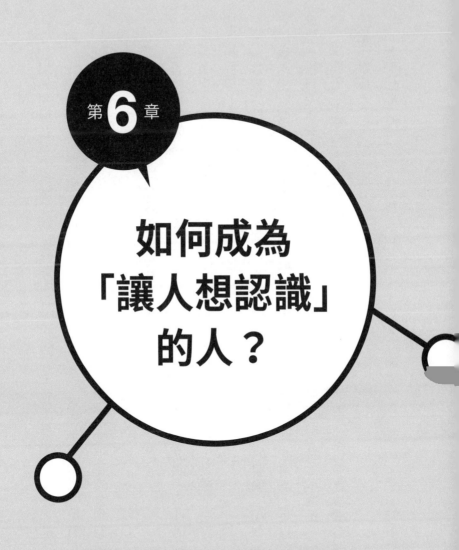

如果你到現在還不清楚的話，我要明說，我的人生展望有很大一部分，是要成為對他人友善的人，同時要對於自己擁有的心懷感激。雖然是這麼說，但對我來說，如果在生活中以及朋友身上感受不到樂趣、喜悅和幽默，我很難體會到深刻的感恩。

遺憾的是，並不是每一個人都和我有同感。

我對於身邊的氣氛非常敏感。但以我來說，我非常喜歡有點扭曲、而且稍微失當（甚至很不恰當）的幽默。我認為，那都只是玩笑罷了（當然，具體取決於當下情況和背景）。

每當我與他人建立連結，我都會認為，彼此能培養出合作性的關係。我會衡量可以投入多少心力、笑話可以講到什麼程度，之後再看看得到哪些回應。而我的原則是，絕對不可觸怒他人、或造成傷害（但即便懷著最良善的出發點，難免還是會發生這種事）。然而，展現幽默、歡樂與風趣，永遠都是與他人培養與維持融洽關係的絕佳方法。

我們已經講過，培養感情是和其他人建立人際關係的第一步，人生中的所有好事都要從這裡開始。

為什麼不要說「祝你有美好的一天」？

在進一步討論之前，先來講講所謂的「拘泥於形式」是什麼、以及不是什麼，會很有幫助。有一個人把這個主題講得很好，他就是著名的科幻作家羅伯特・海萊因（Robert Heinlein）。海萊因在一九七〇年代末期曾寫道：

會有摩擦接觸的零件需要潤滑，才能避免過度磨損。而尊稱敬語和正式禮節，可以在人們往來時發揮潤滑的功效。但年輕、沒見過世面、天真、沒什麼經驗的人，會把這些形式上的禮節斥為「空洞」、「無意義」或「不實在」，不屑使用。然而，無論他們的動機多麼「純正」，也只是讓社交問題雪上加霜而已。

海萊因的觀點非常明智，指出了「形式」並不是我們能夠完全避免的東西。形式有其實質目的：讓人際之間的交流更友善溫和，通常也變得更加順利。同樣的，我要說，嚴格的**拘泥於形式**和一般的**基本態度**之間，是有差異的。

海萊因講的道理顯然適用於「禮貌」上，而它的本質就是：懂得尊重及體貼別人。另一方面，像漫聊天氣、用通用的樣板說詞，來和每個人打招呼、永遠隱藏自己的意見和個性以免冒犯別人等等，則該小心慎用。

我認為，禮貌是一回事，拘泥於禮節則是不管人們想不想，當他們覺得自己**必須**這麼做，會表現出客套的樣子。通常，拘泥於形式相當於為了完成責任而做的「虛偽」之舉，而不是以真心投入和合作的態度待人。

要是你這天過得很糟，有人對你說「祝你今天愉快」，這就是令人失望的拘泥於形式範例。你在當下，想聽到對方說那種話嗎？對方有任何理由，認為你想聽到那種話嗎？他們知道你今天不太好過嗎？

這不代表我們不應該和人打招呼。天才網絡裡有一位八十歲的會員喬爾．威爾登（Joel Weldon），他是入選名人堂（Hall of Fame）的專業演講人，接過的付費演講超過三千場，也指導超過一萬名演講者，還親自輔導過天才網絡裡超過兩百位會員。喬爾歷經了一個很簡單的改變，使他和人打招呼時不再說「祝你有美好的一天！」而是說「願你創造美好的一天！」

他這麼說時，他不假設你自然而然「擁有」美好的一天，而是邀請你**創造**美好的一天。當然，萬一你過得很糟，恐怕不想聽到這種話，但這總是比較好的版本。因為這很真誠，而且確實展現了說話的人，想要建立連結。

我親身經歷過，所以知道以培養關係來說，過度拘泥於形式，會在你想要剷平兩人之間的隔閡時，反而豎起高牆並畫出界線。人生的重點就在於建立關係，而要建立關係則代表要拋下虛偽的作態。

這裡值得一提的是，場合適當時，你可以既專業、同時某種程度上也「很正式」，但又不會讓人覺得很假，而且還可以很風趣。舉例來說，我去高級餐廳用餐，或是去參加有服儀規範的商業會議時，我會穿上西裝或是必要的裝扮，以配合環境。但我會謹記是**我**在穿西裝，而不是西裝穿**我**。

推動人生的骨牌：拘泥於形式和基本禮儀大不相同。禮貌與善待他人幾乎永遠是好事。但拘泥於形式是被迫友善，通常不太真心，對締結關係來說也不好。

要請你想一想的問題：人生中，什麼情況下拘泥於形式，會讓你更難與他人搭上線？

社交校準、惡趣味與凱蒂貓皮夾

在不同環境面對形形色色的人時，仍堅持做自己，顯然是極需創意的行為，可以說有無窮無盡的選擇。在每一種情況下你都必須選擇：你要多與眾不同，以便把關注拉到你身上？你又要配合別人到什麼程度？

這個問題沒有一體適用的魔法答案，但「社交校準」（social calibration）原則幾乎在任何情況下，都可以助你一臂之力。簡言之，社交校準就像是去掌握環境動態，但具體來說，是把重點放在覺察人際交流時的行為。要做到這件事，要注意許多細節。

比方說，假設你要去參加商務會議或社交活動，這是你第一次見到這些人嗎？當中有沒有你認識的人，或是支持你的人？當中有沒有任何人因為自己的背景、或其他理由，而對任何議題特別敏感？有沒有任何議題是在場人士特別愛談的？

你剛認識某些人、要營造第一印象時，對於你該說什麼或不該說什麼，或者是要說什麼笑話，通常都要比較敏銳一點，或者說要「精確校準」。當然，一旦你給別人留下了好印象、也交了心，彼此的信任深化，舒適圈也擴大了，那你就可以開始放鬆了。

一旦你建立起了人際網絡，身邊都是你信任的知己，理想上，你可以自然做自己，不用前思後想你的想法和意見。即便是這樣，難免還是有些密友對某些主題很敏感，你也要願意尊重他們的界線。

有時候，你可以捉弄死黨或來點餘興表演，以便把他們推出舒適圈。我就用這種方法對待過很多朋友。其中一次特別讓人印象深刻的事件，發生在我跟丹和他太太芭布絲相處時。

我們在活動之後，去飯店登記入住，櫃台有一位極有魅力的女性替我們服務。當時我單身，我們在辦理入住時，我決定要開個玩笑。

「請妳聽好了。」我對她說，「首先，我要讓妳知道我累壞了，想要趕快入住今晚的客房。我知道妳可能想要我的電話號碼，或是想要約我出去，但我希望妳不要，因為我覺得這對我們來說行不通。」丹和芭布絲不習慣看到我挑起的場面。一開始他們不敢相信我居然這麼做了，但之後他們笑個不停！

替我們辦手續的女士也在笑，然後跟著爆笑。我們下榻旅館期間，每次她在大廳碰到我們，都會直呼姓名打招呼。在這種時候開玩笑風險很高，萬一我的做法失當，會讓這位女士很不自在，或者讓旁觀者覺得受到冒犯。然而，我能在不讓任何人不舒服的前提下開玩笑，因為我時時刻刻都在實踐社交校準，我可以馬上針對在場的每一個人判讀出情境。

這類危險的玩笑可能造成副作用（我不建議讀者貿然嘗試），但結果證明，它讓這趟旅程更令人難忘，更有樂趣，非常值得。我可以再多講一點，但簡而言之，整件事最終有了圓滿的結局。事實上，丹到現在還會講起這件事！

多年來，我一直在講，你可以透過你和對方在一起時有多常笑，來衡量很多人際關係的價值。通常，最常讓我們笑開懷的人，也是我們花最多時間相處的人。這些人通常也最風趣，最讓人印象深刻。

關於要如何成為風趣、且讓人難忘的人，某些最棒且歡樂的靈感，就來自於我和好友狄恩的交流。

狄恩多年來都在做網路行銷，他是知名的「準顧客收集頁面」（squeeze page）的發明人。這也就是一般人所說的「小聲說好」（shy yes）頁面，之後演化成「選擇加入」（opt-in）頁面，鼓勵訪客輸入個人電子郵件。

我們相識超過二十年，兩人共同主持Podcast《我愛行銷》。我們第一次一起做一項大活動，就開出了友誼的花朵。那場活動有約四百五十位觀眾，創作歌手寶拉·阿巴杜（Paula Abdul）也在場。活動進行當中，我請狄恩拿出他的皮夾。

他照辦了。他抽出一個粉紅色的凱蒂貓皮夾。他拿給觀眾看，惹得大家哄堂大笑。我自然而然問他：「狄恩，你為什麼隨身帶著這個皮夾？」

狄恩說，聰明睿智的網路行銷大師傑夫・沃克（Jeff Walker）曾經送給他一個皮夾，跟電影《黑色追緝令》（*Pulp Fiction*）裡的皮夾同款。如果有人沒看過那部電影、或是需要提示一下，這個皮夾是由山謬・傑克森（Samuel L. Jackson）飾演的角色拿的，外觀樸素、棕色調，但上面印有一句髒話「bad motherfucker」（爛人王八蛋）。狄恩說，這個皮夾是很酷的禮物，他喜歡隨身攜帶，但他注意到，每次他掏出皮夾時，有人會用奇怪的眼神看他，也有些人覺得很不舒服。

他後來去了多倫多的某家店，看到店裡有一個粉紅色的凱蒂貓皮夾，讓他頓悟了「bad motherfucker」的真實意義。他對活動場上的觀眾說：「我用的皮夾**刻了**這句話，但凱蒂貓的皮夾**展現了**這句話。」因此，他決定改換成凱蒂貓的皮夾，隨身攜帶。

在這場活動之前，狄恩也送我一個凱蒂貓的皮夾。因此，在我們對談幾句之後，我也抽出我的皮夾，讓大家看看。

我發現，只要我拿出凱蒂貓皮夾，不管到哪都會馬上引發迴響，開啟對話。一開始，這個皮夾的力量讓我大為驚訝，我甚至拿其他皮夾來做比對測試，檢視其他人的態度，看看有沒有其他皮夾也會得到相同反應。很確定的是，其他皮夾都沒有同樣的效果。顯然，狄恩透過這個皮夾體認到了某些意義，而這也成為我倆才懂的笑話。

我們很快就大量購入粉紅色的凱蒂貓皮夾，在行銷會談上講這個故事，說明我們用這個皮夾的用意。這個故事講了幾年下來（也弄壞了幾十個凱蒂貓皮夾），可想而知，我們也找到無數的商業與行銷人士同好，隨身攜帶粉紅色的凱蒂貓皮夾。

時至今日，我和狄恩帶的皮夾款式，不再是哪裡都買得到了！我不敢說我倆獨力帶動一股風潮，就留給你自行判斷了。

推動人生的骨牌：要和他人培養出感情、建立連結，同時享有更多樂趣，請思考社交校準。尤其在剛認識對方時，更要好好想一想。他們跟你在一起時自在嗎？要怎樣才能讓他們更自在？

要請你想一想的問題：此時此刻，你要如何在生活中演練社交校準？你需要採取哪些步驟，來強化相關技能？

強化連結，「幽默」就對了

我和狄恩的友誼以及共享的歡笑，大力推動了《我愛行銷》這個Podcast。光憑這個節目，我就見識到歡笑的威力有多強大，可以發揮多麼強韌的締結作用。不過其實，「笑」這件事還有更複雜的面向，也有更強勁的作用。

人或許能透過一起笑產生連結，但也可以發揮排擠的作用。通常，人在特定議題上笑，會有兩種完全相反的意義。舉例來說，一群霸凌者在取笑某個孩子時，這群人透過笑連結在一起，但他們的笑也排擠了遭到霸凌的孩子。

笑也可以產生療癒作用。說到底，人生不少挑戰，也只能幽默面對。舉例來說，如果可以用喜劇、玩笑或是娛樂，來提振病人的心情，他們會好得快一點。我相信，笑對人的幸福發揮的作用，遠大於感激或毅力（當然，後兩者的價值也不容質疑）。

無論細節，重點是，笑可以建立連結。因此，理解並善用笑的力量，是非常重要的事。

另一方面，有能力判讀與理解他人也很重要，因為這可以讓你辨識細微線索，據此快速與他人建立感情。例如，就算在高度專業的會議上，還是能自嘲弱點，或是看準彼此的好交情下逗逗對方，很快就可以破冰，強化雙方的連結。

不過，你不需要隨時隨地**表現**出幽默感。引來笑聲的，有可能是靜態的事物，如粉紅色的凱蒂貓皮夾，甚至可能是一整棟大樓。

我們常聽到參訪天才網絡總部的訪客說，「我好愛這棟大樓！這裡面有好多瘋狂又有趣的東西！」我們在這棟樓裡展現的幽默感，源自於我們違背了一般人心目中的「專業」職場模樣，而訪客注意到了！

來訪天才網絡的訪客一走進這棟辦公大樓，會看到有趣的畫面、古怪的雕塑和瘋狂的藝術。這是因為我希望我的環境，能反映出我這個人是多麼有趣。

我在天才網絡活動中，永遠笑得最開心。無論何時，只要我人到了，就會不斷逗笑其他會員。天才網絡所有會員都親身體驗到，只要你笑，就會把注意力放在別人身上，並會關注別人、注意對方的反應。

這樣的交流帶來歡樂，也讓人們更緊密相連。人一旦搭上線，就會發生很神奇的事。

雖然幽默與歡笑，可以為人際關係創造出美好的結果，但並不是每個人都天生風趣，也不見得都能自在地這麼做。因此，我常對人們說，如果想讓自己更風趣一點，就應該學著把幽默變成一種習慣。

每個人都有習慣，習慣有可能讓你成為贏家，也有可能讓你輸。習慣或許讓人身心健康、成為大富豪，或帶來性靈上的富足。事實上，沒有所謂的「壞」習慣。我們都很善於遵循自己的習慣，只是有些習慣會帶來不好的結果。說到底，這就是我的朋友、史丹佛大學教授BJ．福格（BJ Fogg）在他的書《設計你的小習慣》（*Tiny Habits*）裡寫的：「用某些方式做某些事，會造成某些結果。」

如果你接受這個前提，請檢視一下，你能堅持實行「創造好結果的習慣」到什麼地步。

比如，在戒斷毒癮時，如果不加入幽默有趣的元素，我就無法發揮全力。戒毒是很辛苦的工作。世上有很多人在做很艱苦的工作，他們沒有餘裕成為風趣的人，也無法隨時和有趣的人相處。但我很幸運，因為我可以。

如果要詳細說明「幽默」和「有默契的互動」的種種細微之處，那可以整整寫上一本書了。這邊我只講重點：在很多情況下，如果可以成為很有趣的人，那會很有幫助。另一方面，假如想要成為充滿喜感的人，最好是去上即興表演課。我總是建議別人去上即興表演課（我甚至會建議某些人去小丑學校。我是認真的，而且這真的有用）。我就讓公司員工去上即興表演課，因為這實在好處多多！

把幽默變成習慣這件事，始於找出**你**真正的內在特質，以及你看重的事物。等你弄清楚之後，你就會更明白，要從哪裡開始找風趣的元素。

這麼做的理由，是因為善於自我覺察，是成為**機智**、**反應快**的人的基礎。妙語如珠絕對是對抗無聊的最佳解藥。這很有用，我甚至還編製了「喬的妙語」清單，善加利用了很多年。

在「喬的妙語」清單中，我寫滿了各式各樣的行銷概念，特別適合在研討會、或是演講活動裡拿出來用。這些年來我已經很熟悉這些概念，信手就可以拈來，應用到聽講的群眾身上，順便做一場簡報。

讓說話和思維變得機智的想法，來自於要隨時做好演講的準備。先準備好妙語清單很有幫助，因為我希望每一場演講都能讓人覺得自然、充滿新意，不要彩排過了頭。有很多專業演講家可以一再地講出「招牌演說」，但我不行。我不想背稿，也很容易分心，因此我放棄，不考慮每次都講一樣的內容。我可以談概念，但不能忍受同樣的話講幾百遍。就因為這樣，我很喜歡機智的說話藝術。運用妙語，我可以帶入我很有信心能暢談的主題，而且永遠可以用新的方式打開話頭。

順帶一提，有趣的是，這類行銷技巧和演練，基本上可以套用到生活的每一個面向。你甚至可以藉此來挑選潛在的夥伴或愛侶（就像之前談過的，以安妮的個人文案當作基礎，來尋找靈魂伴侶）！

最後，撇開機智妙語等幽默技巧，請準備好幾個口袋笑話或有趣的段子，以備不時之需。無論你本性多有魅力、多風趣，這些常常都能派上用場。

我第一次採訪理查爵士，是在我的食人魚行銷公司舉辦的活動上，台下有七百五十名觀眾。我直接在現場問他：「如果你和高爾（Al Gore）動手打了起來，你覺得你能贏嗎？」當然，他支支吾吾了一陣子，因為這個問題讓他有點措手不及。但之後他就開懷大笑，觀眾也跟著笑開了。我第二次遇見比爾．柯林頓時，也問了同樣的問題，並得到相同的反應。

推動人生的骨牌：講到社交連結，沒有什麼比笑聲更有威力了。如果覺得自己本性不風趣，可以練習，把幽默變成一種習慣。

要請你想一想的問題：在人生中，你認識的最風趣的人是誰？他們做了什麼讓你笑得這麼開懷？你從中又學到什麼？

目標是，超乎對方的期待！

無論你做什麼，努力讓別人記住你，會讓人生更有滋有味。具體來說，這可以幫助你把事情做好。無論你打算做什麼，與眾不同的人最可能留在他人的記憶裡，讓人隨時想起來。

當然，需要「讓人記住」到什麼程度，要看情況決定。但基本上，只求別人記住你到必要程度，讓你可以完成目標就好了。

比如，如果你剛好碰上一整天都不太順利的服務生，你希望讓對方好過一點，因此講個笑話給他聽，或是以你的方式表達感謝，你或許只希望對方記住你這一個下午就好。另一方面，如果想要成交某個大案子，你可能希望對方一直記著你，因此你送出了客製化的感謝函，還附贈帶有個人色彩的禮物。

重點是，讓別人對你留下正面的印象，百利而無一害。然而，多數人並不明白的是，人時時刻刻都在留下印象。別人會對我們留有某些記憶，但不見得都是正面的。

有時候，有些人是因為很愛抱怨、討人厭，或是暴躁易怒，而讓人記住。這類型的人絕對讓人印象深刻，但卻是留下負面觀感，反而無法建立連結。

在行銷與業務方面，我提出所謂的「開心的客戶經驗」（Happy Client Experience）的概念。這個概念我很常用。事實上，這也是我的妙語之一！在這段妙語裡，我指出客戶會有三種經驗：他們得到的體驗可能**低於**預期、**正好等於**預期，或是**高於**預期。要是得到的服務低於預期，客戶會表示**不太開心**，正好等於預期的客戶會說他們**很滿意**，高於預期的則會說他們**很開心**。

換言之，如果你很努力拿出最好的自己、並且超越客戶的預期，就能得到一位**很開心**的客戶。當然，現實生活中可能不會有人向你購買服務，但這條原則也適用。

在任何情況下，我們都會預期對方很客氣和善，整體活動很有趣。但要是社交體驗讓人失望，反而會榨乾我們的精力。反之，當人們比預期更和善、更酷且更讓人難忘，我們會覺得充滿活力！因此，目標是要超乎對方的期待。這會讓他們開心，使你成為令人難忘的人。

推動人生的骨牌：你隨時都在營造印象。因此，根據定義，你總是「讓人難忘」。重點是，要給人留下**好的**印象，而不是糟糕的。

要請你想一想的問題：你通常給人的第一印象是什麼？你希望留下的第一印象又是什麼？

你是個會讓人感到無趣的人嗎？

身為戒毒者，我的人生常常在尋求刺激。

我有深富創意的頭腦，也很好動，對於各種事物都很好奇。我也會深入探索全新未知的事物，並隨時追蹤新概念。因此，我向來有一個信念，我把它當成座右銘在心裡默念：**人怎麼會無聊？世界上有這麼多書可讀、這麼多歌可聽、這麼多事可做可體驗！**

但之後我從生活中理解到，人時時刻刻都需要刺激，不見得是好事。你愈是一直閒不下來，等於讓自己**離不開**馬不停蹄的生活步調。這讓我想到愛因斯坦的名言。一九二二年，因緣際會之下，他在飯店提供的紙張寫下了這段話，後來以一百五十六萬美元的價格拍出。他寫道：

比起追求成功伴隨持續的不安，平靜謙和的人生，可以帶來更多的快樂。

這段話太有智慧了，但也很有挑戰性。講到無趣，成癮者根本感受不到歡愉。無論是毒癮、工作狂、性愛成癮，還是我動筆的當下，各種纏上你我人生的癮頭，全都一樣。隨著新冠病毒疫情肆虐、無所不在的洗腦資訊等等，各種有害因素推波助瀾之下，我們面臨人類史上最嚴重的成癮問題。

如果你**隨時**守著電話，**隨時**守著社群媒體、**隨時**都在玩電玩遊戲，或者**隨時**都在吸毒，你的身心就完全無法休息。你無法進入副交感神經狀態（或者，簡單來說，就叫無法放鬆），結果就是過勞。你隨時都在尋找多巴胺的刺激，但不是用健康的方法取得。

你很可能失眠，變得更焦慮，吃下更多垃圾食物。此外，也不太有精力去運動，而是尋求其他管道獲得刺激。

一旦陷入這樣的循環，你會不斷尋找下一個讓你亢奮的事物，偏離了更重要的目標。根據你上癮的程度，你很有可能失去一切，甚至生命。

想一想身邊處於上述狀態的人，就會知道跟他們在一起**不是**什麼有趣的事。沒錯，他們或許令人印象深刻，但通常不是好的印象。你可以從另一種角度，去思考自己是否進入自毀循環：自毀難以預測，對他人來說也很危險。而且，過了一陣子之後，會變得很無趣，不管是對你或別人來說都一樣。

講到無趣，事實是，一旦別人對你完全不感興趣，你就成了沉悶乏味的人。這表示，我到目前為止說的，要讓人難忘、要有趣等等，說到底，全都關乎你有多關心、在乎別人，或是對別人來說有多大用處。

首先，你要自問：**他們會對我伸出援手嗎？我會幫助他們嗎？這段關係有利於我嗎？對他們有益嗎？這個人或這段關係可以讓我成長嗎？他們能有所發展嗎？**

接著，如果你覺得自己陷入惡性循環，花點時間評估自身會很有幫助。

請自問：

「我的內心對話中，有趣的成分有多少？幽默的成分有多少？在苦中尋樂的成分又有多少？」

接著再自問：

「我的內心對話中，有多少負面聲音、不安或憤怒？」

覺察自己的內心對話之後，你就可以努力把對話帶往比較正面的方向，過著更有趣且更開放的人生。

面對他人時，如果你知道如何和對方交流，幾乎每一個人都可以講出一個迷人的故事。要是他們不願意交流，那你基本上就得化身成偉大的魔術師胡迪尼（Houdini），從他們身上找出一些東西，讓你們告別對方時，都覺得比之前更美好。這個辦法也適用於對待自己。如果你用正確的角度，來檢視自己與人生，你會看到你很珍惜、而且很想分享的迷人事物。當然，若你不能夠、或不願意這麼做，看到別人開始遠離你，也就不用太驚訝了。

一旦我們一開始沒有和自己建立起良好的關係，就很難和他人建立起好的人際關係。這需要努力，但不管你目前的狀況如何，好的起點都是遵循指引，成為有趣且令人難忘的人，而不是過於正經、令人感到無趣。就算其他辦法都沒用，你永遠都可以試試小丑學校！

推動人生的骨牌：在社交場合當個「無趣」的人，代表你無法讓別人對你感興趣。要引起別人的好奇，重點在於你能對他們造成什麼影響。此外，成為友善、很酷而且對他人感興趣的人，通常也很有用。

要請你想一想的問題：如果「成為更有趣、更能和他人互動的人」變成人生的優先要務，你會有什麼收穫？

推動人生的骨牌：

- **拘泥於形式和基本禮儀大不相同**。禮貌與善待他人幾乎永遠是好事。但**拘泥於形式是被迫友善**，通常不太真心，對締結關係來說也不好。
- 要和他人培養出感情、建立連結，同時享有更多樂趣，請思考**社交校準**。尤其在剛認識對方時，更要好好想一想。他們跟你在一起時自在嗎？要怎樣才能讓他們更自在？
- 講到社交連結，沒有什麼比笑聲更有威力了。如果覺得自己本性不風趣，可以練習，把幽默變成一種習慣。

- 你隨時都在營造印象。因此，根據定義，你總是「讓人難忘」。重點是，要給人留下**好的**印象，而不是糟糕的。
- 在社交場合當個「無趣」的人，代表你無法讓別人對你感興趣。**要引起別人的好奇，重點在於你能對他們造成什麼影響**。此外，成為友善、很酷而且對他人感興趣的人，通常也很有用。

演練與行動步驟

編製妙語清單，打造專屬話題庫

我會編製一張「妙語清單」來打開話頭，你也可以這麼做：

一、**找來紙筆，針對你所有的興趣、核心價值觀和理念，做一點腦力激盪**。我們聊的內容，大部分都應該反映出個人的本質，以及感興趣的事物。同時，最好善用強而有力的故事或名言，以引發共鳴，協助我們闡述重點。這是很重要的基礎，所有好玩有趣的事物都源自於此。

二、**之後，再根據這些興趣、價值觀和理念，編製一份清單，納入你最想要講的事情**。其中，可以是你愛的事物、痛恨的東西，或是你可以對每個人講起的個人故事和經驗。

三、**完成之後，針對不同主題，一一編製更具體的清單**。理論上，你可以編製出愈來愈詳盡具體的「清單中的清單」，但通常停在這裡就可以了。到現在，你不只有大致的概念，還深入到僅有**你**可以談的實際例子和話題。

聽起來可能有點不太尋常。但這裡不是要你寫一套劇本，每見到一個人就複誦一遍。而是希望你滿懷可以暢談的內容，並放在心裡，隨時都能派上用場。重點是，無論是個人還是工作上的交流，都能用這一套練習，開啟對話！

去上即興表演課吧！

如果幽默和即興發揮，不符合你的個性，好消息是，你可以靠著練習和學習，培養出這些特質。最好的方法就是去交很風趣的朋友，向對方討教他們的幽默感從何而來。

如果你所有朋友都很無趣（真要命！）還有一個辦法可以強化你的幽默感，那就是去上即興表演課。我非常認真。畢竟，好的喜劇表演課可以讓你放鬆，其他方法都難以匹敵。

真實生活中，人很容易一直想著接下來應該說什麼、在特定情境下怎麼樣才算是口吐珠璣，諸如此類的。但陷入這種狀態，會讓你和其他人脫節。相反的，即興表演時，你沒有選擇的餘地，必須講出**此時此刻**腦海中想到的話。如果不講出口，整個場面就會分崩離析。

如果你想去上課，不要只是空想而已。去查查離你最近的喜劇社團，實際走訪，看看狀況如何。重點不是要成為專業的喜劇演員，或是學著用「正確」的方式表現出風趣，而是要漸漸把幽默變成一種習慣。

這會是讓人覺得很緊張的挑戰，但相信我，這種方法最能快速擴張你的舒適圈。但願你在過程中，能享有一些樂趣。

第7章

用感激與欣賞，讓人脈複利

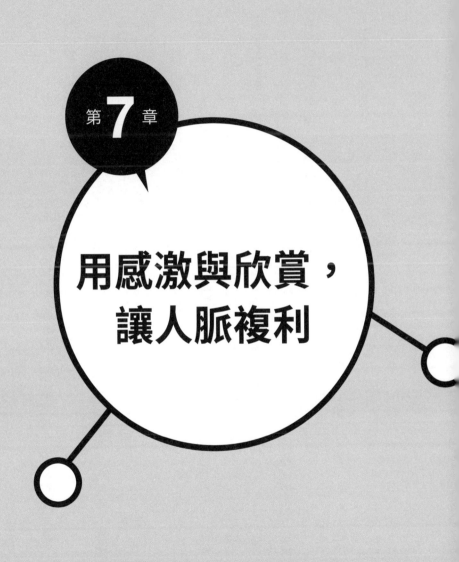

二〇〇七年iPhone首度亮相，掀起一陣波瀾。在這之前，手機大致上就是電話，當時的智慧型手機很笨重，也沒有太多讓人驚豔之處。iPhone不一樣。這是市場上最聰明的手機，而且也是操作起來最簡單的智慧型手機。這就像是你把桌上型電腦放進口袋裡隨身攜帶，而它也扭轉了每一個人的通訊方式。

推出當天，我就去蘋果直營店買了一台iPhone，幾乎很快就改變了我和人們溝通的方式。在iPhone之前，我會花很多時間打電話，因為我喜歡個人化的聯繫方式。然而，一旦無法直接通話，我就僅能使用以文字為基礎的電子郵件或是簡訊。有了iPhone之後，一夕之間，我可以發送照片或表情符號等等給別人（那時還不能發影片，要等過了好幾代之後）。很快的，我可以把語音當成簡訊發送出去，並搭配有點沒品的笑話、抱怨或是恭維等等。

幾年下來，這演變成我的招牌溝通風格，過程中，我也促使數千人開始送出語音和影片訊息。

我會不斷與我親近的人保持聯繫，而且別無所求。有時候，我一早起來，就會發送語音訊息給很親近的朋友，看看他們好不好，偶爾也會傳我自己製作健康鬆餅，或是泡冷水澡的影片。

我偶爾也會發訊息，給成員彼此不熟的群組，為他們提供一些有用的構想、文章、影片或Podcast（可能是我自己的，也可能是別人的），穿針引線介紹他們認識彼此。有的時候，我會傳送文字或語音訊息給別人，告訴他們我在想什麼，或是聊聊我最近讀到的東西。

你可能會認為，我僅會對很熟的朋友這麼做，那你就錯了。一開始或許是這樣，但幾年下來，我擴大範圍，納入很多往來對象。我和團隊溝通的首選，就是使用語音和影片訊息。

當中的祕訣是，我只會對自己**感激欣賞**的人，或是為我或他人的人生帶來實質幫助的人這樣做。有趣的是，隨著我年紀漸長，我**感激欣賞**的人愈來愈多。而簡單地和他們分享我的人生經歷，更讓這份**感激欣賞之情**益發強烈！

把這項做法當成戰術來講顯得很奇怪，因為這其實不是什麼戰術，只是一種通訊方式。但可幫助我用比文字簡訊更快、更有效的方法，完成很多事。看到這種方式的成果有多好，是很有意思的事。即便不是每一個人都習慣這種對待方式，但幾乎每一個人都喜歡、或者很欣賞這樣的溝通。

這種溝通方式，傳達出我經常想到他們，而不是把他們當成用完即丟的工具。這也傳達出我把他們當成有血有肉的人，只要彼此願意，可以繼續深化雙方的關係。這種辦法對我來說有用，對他們來說也很好，讓我們緊緊相繫。而這一切，要歸功於我們對於彼此來說都有益處，而且也珍惜對方。就算不是每個人都使用我這套策略，但這個辦法也凸顯了一項重點：在生活中，感激／欣賞別人，是很重要的事。

感激／欣賞會利滾利

我很年輕的時候，就明白友善待人、並對他人懷抱好奇心，蘊藏著強大的威力。同時，我也明白「感激他人」在這裡發揮了一定作用。但當時我還不太明白，

「感激他人」到底是什麼意思，一直要到我踏入地毯清理工作才懂。

最初，我是從韋恩（Wayne）身上，學到關於感激／欣賞別人的重要第一課。他管理一家清潔用品商店。

當時的我，是一文不名的地毯清潔人員，只能靠著信用卡度日。我有一個新客戶很麻煩，對方希望我也能清理他們的沙發。從現在來看，那是很奇怪的要求。當時的我很清楚如何清理地毯，但如何用正確的方法清理沙發，是全新的挑戰。

做了一些研究之後，看來我需要買一項手動工具，才能清理沙發，價格大約落在兩百五十美元到三百美元。當時，每次我去用品店買東西，我**最多**只能買一罐二十美元的清潔液，而且通常沒辦法付現，得用信用卡付款。那時的我，必須想一想要怎樣才能拿到我根本買不起的工具！

我上門那天，先問了問坐鎮櫃台的韋恩，能不能租用他們的手動工具，因為我沒錢買。

「拿去吧，兄弟。」韋恩說話了，讓我的憂慮一掃而空，彷彿根本從沒存在過，「等你接到了足夠的工作、能賺到一點錢，你再回來付我錢，這樣如何？」

我萬分感激，但他還有話要說。「那些化學清潔劑也一樣！」他說，「如果有任何需要，你就告訴我，然後拿去用。你先建立起你的事業，之後再回來付我錢。」我簡直樂翻了！

利用借來的工具和用品，我得以完成第一件工作，並接下愈來愈多工作，賺到了足夠的錢付給韋恩。很快的，我的業務愈做愈大。幾年內，我的業務擴張五倍，最後開始對清潔人員販售行銷課程。等到我想出我的教育性行銷指南，我的事業可以說是一飛沖天。

但就算業務愈做愈大，我還是回到同一家店買所有的用品。即使我要開四十五分鐘的車，從錢德勒市專程跑一趟史考茲戴爾市，我也樂此不疲。

我從厄尼（Ernie）身上學到第二項重要心得。他是地毯與織品照護學會（Carpet and FabriCare Institute）亞利桑那分會的會員。這個組織旨在讓亞利桑那州的地毯清潔人員進行交流。其任務之一，是為專業的地毯與織品清潔人員，與從事火災水災重建工作的人，提供培訓課程。

當然，多數進入這一行的人，都不想承擔培訓的責任。因為這是無償工作，似乎也無人感激，還要做很多雜事，以及籌辦事務。但我用不同的角度來看這件事。我自動請纓成為主任，因為我把這想成是「為人服務」。我知道這可以讓我有理由和業界的人交流，他們在這一行的時間比我長得多，我可以從他們身上學到很多。

因此，我自願籌辦活動，讓人們齊聚一堂。如果不是這樣做，我也沒辦法認識許多人。其中一人是麗莎・瓦格娜（Lisa Wagner），她對我的食人魚行銷公司幫助很大。

之後，我接到一個大案子，要去清理一家很精緻的旅館。旅館鋪設的是昂貴的柏柏爾羊毛（Berber wool）地毯，我一直沒辦法清到心目中的乾淨程度。但把這件工作做好很重要，我很清楚我必須請人幫忙，於是我打電話給厄尼。我知道他當時在鳳凰城（Phoenix）經營一家頂尖的災害重建公司，價值好幾百萬美元！就算身價不凡，他還是挺身而出，指導我如何清理柏柏爾羊毛地毯。

完成工作之後，我拜託他收取諮詢費，但他不肯拿我的錢。

「不用麻煩。」他說，「我很高興能幫上你。」也因此，到後來，我也用我對待韋恩的方法，來對待他。

之後，我成為清潔產業最著名的人物。我出現在幾份業界雜誌的封面上，包括當時以全世界地毯清潔業者為目標讀者的產業雜誌《清潔傳真》（*Cleanfax*）。誰又想得到，幾年前，我連怎麼樣清地毯都不會！

總而言之，我接到的業務愈來愈多。我也開始把找上門的重建工作，轉介給厄尼的公司，對他的幫忙聊表謝意。

關於我的地毯清潔人生，最瘋狂的是，我從什麼都買不起、連清理用品都只能用借的人，變成最成功的地毯清潔人員，以及為整個產業提供建議的頂尖行銷顧問。我之所以有這麼一天，很多都要靠韋恩、厄尼和麗莎這些人！

推動人生的骨牌：感激／欣賞會利滾利，不管以個人關係還是商務關係來說，都是如此。

要請你想一想的問題：想一想你人生中，造成最大影響的人際關係裡，感激／欣賞發揮了什麼作用？在人際關係中加入感激這個元素，又如何能讓關係更強韌？

感激的威力，能讓關係增值

感激／欣賞他人，代表你心懷感恩，同時明確表達出感激之情，讓對方知道他們很寶貴、而且受人感激／欣賞。其中一方面，是要體察與認知到，對方或是某個情況很有價值，值得讚賞，然後提高這份價值。

如果團隊裡有誰為你提供服務（就算是替你把門拉住這種小事），當你告訴對方，你很欣賞他的舉動，你的意思其實是你很看重他們。你表達了你很尊重他們，而且感謝他們的協助。感激／欣賞是很簡單的概念，但有很多方法可以實踐。比方說，我會以我獨有的傳訊息方式，表達感激／欣賞。此外，我也有很多表達感激／欣賞的技巧，在生活中就能實踐。

如果是剛認識的人，我會先建立連結，分享我對於業務、戒癮、運動和健康，以及必讀好書的知識與想法，藉此表達我的欣賞與感激。我數不清我到底送出過多少書。我不只送自己的著作，也會送其他人的書。當我在談感激／欣賞，我是從「要成為關心他人、對別人來說有價值的人」這個想法來談，因為這也會讓他人成為更有愛心、更慈悲，也更勤懇認真的人。當然，表達感激／欣賞時，必須**真心誠意**，才能發揮預期功效。要是你只是想顯得有在關心別人、待人和善，或者更惡劣的，為了操控他人而對人表達出他們根本配不上的感激／欣賞時，那就只是愚行，只會消耗你，並讓他人有不切實際的期待。

說到底，你當然可以假裝感激／欣賞、玩起政治手段、恭維別人，說不定也能得到好結果，但通常回報會愈來愈少。下一次，你就需要幫**更大**的忙，或講**更好聽**的恭維之詞，才能得到對方的青睞。

畢竟，如果你的感激並不由衷，你會覺得不符合自己的價值觀。因為你**其實**並不認同、或沒有感受到你向對方表達的讚賞。長期下來，這會耗盡你的精力，或者你會被別人逮到你真正的想法，你們之間的關係也因此受傷。

另一方面，真心誠意可以讓你逃開這種種苦惱。雖然我的行事作風是，永遠都在努力追求我想要的結果（你應該要這樣）。但我是真心誠意地去做，我也會確定對方能得到**他們**想要的。

我們可以用很簡單的方法去想這件事，那就是本書所提的問題：**對方能從中獲**

得什麼好處？

提這個問題的用意，不是要把每一件事都變成交易性的關係，而是為了防範你的行動有操弄之嫌，或只是一意孤行。和他人互動時，你有沒有想過他們想要及需要什麼？你感激他們提供的東西嗎？你有回報嗎？

我的朋友雷・庫茲威爾（Ray Kurzweil），提出另一種思考感激／欣賞的角度。如果有人不知道雷的話，我先說明他是一位發明家與未來主義者，二〇一二年起就在Google擔任總監。他有二十一個榮譽博士學位，並獲得三位美國總統頒授的多項榮譽，並被稱為美國最迷人的創業家之一。雷最重要的概念之一，就是「奇點」（singularity）。當奇點來臨，人類與機器將會結合在一起。事實上，我們已經透過智慧型手機、虛擬實境以及其餘他稱之為「人腦延伸物」（brain extenders）的科技，體驗到這一點。

雷的構想大多數都和科技與人腦延伸有關。但你也可以用這套模式，來思考感激造成的網絡效應。

手機、電腦、虛擬實境和平板電腦，擴大了我們的能力，讓我們更能找到東西、和別人建立連結、變得更聰明、更能找到答案。如果你成為別人大腦的延伸，對方就會像愛自己的手機一樣愛你。如果你把自己想成，別人想要的東西的延伸，他們就會很想跟你在一起。

實務上，你可以把對方介紹給別人認識，或是提供他們見解、解決方案、成果，以及任何能擴大他們能力的事物，或者逗他們笑，或幫助他們獲得自己想要的。如果能做到這一點，你遇到的每個人都會發現，自己又獲得了更多價值。實際上，這就是在**感激／欣賞**對方。

推動人生的骨牌：真正的感激／欣賞，是心懷感恩，**而且**明確表達出感激／欣賞之情。一旦你向對方展現這股能量，從字面上來看，也就是讓對方的價值「增值」，因為英語的「感激」和「增值」是同一個單字（appreciate）。

要請你想一想的問題：目前你對於生活中最重要的人際關係，如何表達感激／欣賞？這又能如何提升對方的價值？

看透威嚇戰術，踏上價值破億美元的旅程

在商場和人際關係中，能互相欣賞與感激是很棒的事，很值得追求。但基於種種理由，這種狀況不一定會馬上出現。因此，就算雙方**確實**互相欣賞與感激，也不見得永遠像是陽光與彩虹這麼美好這麼搭。事實上，我們在表達由衷的感激時，往往會遭遇很多衝突，需要一一化解。

表達感激／欣賞的一大障礙是威嚇，而且你不見得很清楚要如何應對。威嚇你的人會讓你難以靠近，讓你無法由衷感激／欣賞對方。同樣的，不尊重你的人，很可能也不會感激你。在很多時候，我們如果把威嚇戰術，想成交情測試，會比較好。

這當中的互動角力，是我最鍾愛的其中一本書的主題：一九七三年羅勃・林格（Robert Ringer）的《恫嚇成功法則》（*Winning through Intimidation*）。雖然書名聽起來，有點像在教人如何透過威嚇他人而有所成就，但其實剛好相反。這本書要說的，是如何站穩腳步，**利用**對方的威嚇戰術來獲得成果，不要讓對方擾亂你的陣

腳。

我這本書講的都是要友善仁慈、幫助他人。但其實，威嚇那些試著恫嚇你的人，也不見得是壞事。有些時候，威嚇是你必須通過的測試。通過之後，個性直接的人就會和你結交。若你容許他們對你有一點粗魯，他們會推著你向前邁進。人生裡有這樣的朋友，可以幫助你更快速進步，因此不可少了他們。但前提是你要信任對方。同樣的，如果你和這些人在一起時，表現得像是別人的出氣包一樣，便無法贏得他們的尊重，也就到不了他們的層次。

我的建議如下：在有疑處不疑，不要一直去批判你看到的每一種行為。反之，請努力在他們想要的層次，與對方交流。如果對方和善體貼，請用相同的尊重回報。如果他們想要競爭或抱怨，你也願意，就用相同的方式相處！

當然，如果你面對的，是只想傷害你或占你便宜的鯊魚，你可能需要採取更強硬的手段，或是完全不與對方互動。在很多情況下，威嚇就是一種直覺反應或測試，並非真正的威脅。一旦你能看透當中的本質，對方也會**欣賞**你。我們一直說要用更體貼的態度，去感激／欣賞他人。但有時候，你不必那麼敏銳善感，而是要單刀直入，然後戰鬥！

「克服威嚇」與「感激／欣賞」，兩者的關係初看有一點抽象，但等你自己體驗過就懂了。我在遇到比爾・菲力普斯（Bill Phillips）之後，學到了這一課。

比爾是一位創業家兼作家，我在一九九五年底認識他。當時他的目標，是要打造全球最大的體育用品公司。我去賭城參加他舉辦的研討會，之後決定去找他，表達我的欣賞。

「嘿，」我說，「我認為你發行的雜誌，和你為人們提供的營養與運動建議太棒了！你寫的銷售文案也非常出色！」他很開心聽到我的稱讚，並問我有沒有在寫文案，我對他說我有，但我其實比較常聘用撰稿人幫我。

之後，他給了我他的傳真號碼，要我傳給他一些範例（畢竟，那是一九九五年的事）。我先傳了我的工作成果當作範例，解釋我的做法，並提供一些背景資訊。我和他在友善的氣氛下，來來回回討論了幾次，之後我提出報價。如果他願意和我合作的話，我收取的諮詢服務費，是一天三千八百五十美元，並補充說我會親自提供服務。

沒多久之後，我就收到比爾傳真過來的一封信，足足有兩頁長。我一邊讀著，發現我的恭維完全沒有替我帶來新業務，因為我提出的建議並未讓他滿意。比爾在信中寫的一段話一直迴盪在我的腦海裡：

我去年支付了一千一百萬美元的稅金，為什麼我一天要付你四千美元，讓你來教我怎樣經營公司？有很多人排隊等著免費替我寫文案！

這讓我很錯愕。如果他的時間真像他說得那麼寶貴，那他為何會花時間寫一封這麼長、而且這麼侮辱人的信？這麼想讓我有了一個念頭，我開始打字，寫另外一封信回覆他：

如果有這麼多人排隊等著免費替你寫文案，顯然那些人並不善於行銷自我。你不會跑進麥當勞說：「給我一個大麥克，因為我是比爾．菲力普斯，而且我很有錢。如果我喜歡你的漢堡，我會付錢。但如果我不喜歡，那我一毛錢都不會出，因為整個城裡的餐廳都在排隊等著做我的生意，我可是超偉大、超了不起。」他們會請你消失！

我最後寫出了大約四頁的覆函，然後才傳真給他。很快的，他又把同一封信傳回來給我，但旁邊用手寫了他的回覆：

> 你可真積極！我喜歡。我會再聯絡你。

幾天之後，比爾連夜送來一張支票給我，隨附一張飛往丹佛（Denver）的頭等艙機票，要我去看看他位在科羅拉多州戈登市（Golden）的總部，並正式聘用我做顧問諮商的工作。

第一天合作，我就提出了一個構想，利用他目前已經很成功的銷售信，將許多封郵件組合成一個行銷體驗，並在後續可以自動寄出每一封信。這個構想實施後，讓他賺進了六百五十萬美元。我們繼續合作，在早期的某次對話中，他提到一部他幫忙製作的電影《運作的身體》（*Body of Work*）。他花了大約百萬美元製作，但他不確定應不應該經銷這部電影。

比爾想免費播映《運作的身體》，但他不希望因為這麼做，而貶低了這部電影的價值。我之前發過一封信給我的行銷客戶，讓他們可以免費取得哈爾伯特的專訪卡帶，我也碰上和比爾一樣的問題：我希望能讓我的群眾免費聽到這場採訪，因為訪談中包含了很多寶貴的資訊。但我不希望他們因為不用付錢，輕忽了這場訪談的價值。

為了解決這個問題，我發了一封信給所有客戶，說明我的想法，並講到如果他們願意開二十美元的支票寄至我的辦公室，並註明是捐給鳳凰城兒童醫院（Phoenix Children's Hospital），那我就會把卡帶寄給他們。我認為，為這場訪談貼上標價，會讓每個人都更重視。而我把收到的錢捐做慈善，則代表這場訪談內容仍是一份禮物。這個策略很有效，替鳳凰城兒童醫院募了很多錢，我認為對比爾來說應該也會有用。

我們討論之後，他在訂戶多達幾十萬人的自家雜誌《肌肉媒體》（*Muscle*

Media）上做廣告。他說他想要替喜願基金會（Make-a-Wish Foundation），籌募十萬美元。我們沒有太詳細討論後勤作業，這個構想完全是以互惠為基礎。他會免費送一卷《運作的身體》錄影帶給每一位訂戶，這純粹是禮物。比爾想要的回報，是希望收到錄影帶的每一個人，都可以捐錢給喜願基金會。（當時還沒有YouTube或串流影音，幾乎也沒有人會用電子郵件來做行銷！）

針對這次的首映，我幫比爾說出他的故事、找到自己的定位，並推出了廣告活動。一開始，他的粉絲大多局限於健身者，非常小眾。但隨著《運作的身體》開始流傳、比爾的業務不斷成長，他更廣開知名度，成為健身專家（也因為他替喜願基金會募款，贏得了慷慨大方的美名）。這項策略非常成功，收效良好，讓他的體育用品店大大曝光，也有更多主流群眾訂閱他的雜誌。

比爾的成功與高度號召力，幫他帶來《活力身體》（*Body for Life*）這本書的案子，他也收到五十萬美元的預付金。基本上，新手作家收到這麼高的預付金，是非常少見的！我幫他把「自我發展」的概念加入這本書裡，並提出許多新構想，把《活力身體》當成雕塑體型的挑戰，作為行銷賣點（有超過百萬人加入這項挑戰）。

上千家大大小小的企業，開始運用我幫比爾發展出來的模式。就連已經茁壯到價值超過十億美元的品牌——海灘身材（Beachbody），該公司的創辦人也告訴我，這套模式大大影響了他們的業務。事實上，我在二〇一〇年和理查合辦了一場活動。活動上，我介紹比爾和海灘身材公司的幾位創辦人相識，他們也親自告訴比爾，我們的做法大大影響了他們的業務。時至今日，我和比爾埋下的種子已經壯大，無論是在財務上、健康方面等等，我早就不知道該如何衡量影響力了！

如果沒有一開始的恭維，沒有之後我和比爾之間的傳真往來，就不會有這些價值了。我們都願意站穩自己的立場、主張個人論點，因此締結出極具影響力的連結，讓百萬人透過《活力身體》的挑戰，強化了自己的體態，讓比爾更加富裕，並孕育出幾千家類似的企業，更在過程中替慈善機構募得幾百萬美元。

前幾章，我談的都是「投注心力資源」、「感激／欣賞」等正面的事物，很少講到長年下來，在經營人際關係上，有哪些衝突和摩擦。長遠來看，克服威嚇之後和對方建構出更強韌的連結，以及從分歧中找出共識、解決問題，和感激／欣賞並非背道而馳，反而是其中一個必要**部分**。

我和比爾之間的關係雖然也有高低起伏，但我們一起創下的成績幫助了他的公司，也讓很多人來找我尋求行銷建議。即便我沒有健康學的學位，也未曾在大學裡研究過營養學和運動學，但我和許多健康與健身業界人士往來過。人數之多，使得我的天才網絡裡，有很高比例的會員是醫生、自然療法從業者、整脊師、營養學界人員，以及心理健康從業人員（包含心理師和精神科醫師）。

除此之外，我為了做這些工作，也閱讀了超過一千本書籍、參加各種活動，並花了很多時間，沉浸在和健康與健身相關的事物當中。如果檢視我發展出這些關係的主軸，會發現它和幾個簡單的策略相呼應：看透威嚇，並感激／欣賞別人。

推動人生的骨牌：感激／欣賞別人是一種**行動**，必須持續去做，但有時候只能靠著克服威嚇做到。

要請你想一想的問題：在人生中，遭到威嚇讓你在哪個面向上裹足不前？你能不能站穩腳跟面對威嚇，打造出更充滿感激與欣賞的人際關係？

從人際關係中，學到最令人不安的一課

人無法得到他人的感激／欣賞，最常見的理由，是因為他們無償把自己的一切給了**錯的人**。有些人無法有效養成威嚴、觀點與價值，因此就遭人占便宜，或被人視為理所當然。有些人則是太容易予取予求。

我不會說我是例外。我之所以知道這些事，唯一的理由就是我親身經歷過，吃盡各種苦頭，並因此醒悟。即便我抱持著最良善的意圖，很多時候還是成為拿取者攻擊或操弄的目標。

二〇二一年，我決定放自己一個長假，很多習慣隨時來找我的人，開始聯繫我的辦公室、發電子郵件或簡訊給我與助理，並留言給我說（即使他們知道我不會花時間去看）：「我很想念你！」或者「我能幫上什麼忙嗎？」

有些訊息讓我很感動，但有些則是想強迫我擔下責任，也有好一陣子沒聯絡的人出現，對方想要在我消失之前，從我這裡撈一點好處。面對這些人，我體悟到讓人不安的事實：這些人並不是真心感激／欣賞我，也不尊重我想要為自己做的事。

有些人後來發現自己受到操弄者支配，才明白為何得不到對方的感激／欣賞，這種事很常見。我常常看到和善、關心別人的人，受到這樣的惡意對待，我也見到自戀、反社會的操弄者心想事成。這種事讓人很難接受，但生活中確實會出現這種發展。我最近訪談了《你難道不知道我是誰？》（*Don't You Know Who I Am?*）的作者拉瑪妮．杜瓦蘇拉（Ramani Durvasula），暢談如何面對自戀的人。你可以上我的網站看到專訪內容（網址為www.JoePolish.com/WIIFT）。

我自己也曾陷入不受尊重、無人感激／欣賞的境地，多半是因為我太過任人宰割，或者即便我立意良善，但我選錯人表達我的感激／欣賞。

但我也遇過一些人，他們聽完我的活動演說，看到我本人之後表現出很緊張的樣子，甚至會顫抖。這些人覺得，我寫過書，曾經幫助別人賺到錢，認識很多名人等等的，就把我放在很高的地位，覺得我是很特別的人。這種待遇乍看好過得不到感激／欣賞，但其實不然。

從某個層面來說，這種反應顯示，他們認為其他人很有價值，但頂多只是這樣而已。從另一個角度來說，這表示他們不覺得你像他們一樣，都是有血有肉的人。

結果是，有些人看起來像是熱情支持者，實際上對你很不屑，也不在乎你的感受！

等你愈來愈成功，避開這些陷阱非常重要。但老實說，不管在任何階段，避免踩雷都是有幫助的。向對方表達感激／欣賞固然重要，但同樣重要的是，要篩選身邊的人，而且只對值得的人付出精力與表達感謝。還有，雖然我樂見人們對別人表達感激與欣賞（我也一直這麼做），但看到某些人把感謝與欣賞他人當成手段，藉此與對方建立關係，以達個人目的，這也讓我啞然失笑。感謝與欣賞他人，一方面是很有心的舉動，但要是這份感激讚賞附帶著推銷說詞、或藉此要求對方去閱讀你愚蠢的社群媒體貼文，我會說這種做法是「蹭別人名氣，往自己臉上貼金」。

我會用一個方法，來判斷要不要和某個人成為知心密友，就是觀察他們如何對待比自己弱勢的人。如果對方對我好是因為我能替他們效勞，但是對我的員工不好或提出不合理的要求，我就會避開這種人。還有，就算客戶對我好得不得了，但如果我看到他們對我的員工很粗魯，我也會拒絕往來。

我知道有一家公司會請面試的人搭飛機過來商談，並請私家專車接送，完成一天的面試之後，再請同一位司機載面試者回機場。應徵者不知道的是，這位司機也是聘雇委員會的成員。應徵的人如何對待一名「小」司機，透露了很多和此人有關的訊息，會大幅影響公司的聘雇決策。

我焦頭爛額很多次之後，才開始看懂這些策略大有學問。

推動人生的骨牌：沒有獲得應有的感激／欣賞，或是別人對你根本毫不在意，原因可能是因為你給別人不好的能量，或是遭到別人不好的能量操弄。

要請你想一想的問題：生活中，有沒有哪些方面讓你覺得自己沒有得到應有的感激？背後的理由出於你嗎？還是你也被人操弄了？

先感謝自己，才能好好經營關係

人在生活中，還有一個方面常常沒有得到應有的感激與欣賞，而且這是很麻煩的面向。

很多時候，我們在生活中表現出慷慨、關懷與充滿活力，但難免也會感到憂鬱、憤怒，陷入只能被動反應、不能主動因應的狀態。問題是，無論出於何種原因，當你充滿負能量，你會更難展現、也更難獲得感激與欣賞。

這裡要講的重點很簡單：你要先感激欣賞自己，才能把更多的感謝與讚賞，散播到這個世界上。而要能「對自己表達感謝」，就是在自己已經盡力時，不再追逐別人的肯定。

不管如何，總是有些人不感謝我們、不尊重我們，這和我們做了什麼無關。但如果好朋友因為你粗心輕率，或是對他們很刻薄而疏遠你，那就是另一回事。只要有可能，都應該去修補這些狀況。

另一方面，有時候，某些人闖進你的人生，是因為他們體認到你的價值，所以想要拿取、但又不想回報你。他們敢這麼做，是因為他們認為你永遠都願意付出，而且不會拒絕，也知道你非常渴望獲得他們的認可。這些人不懂什麼叫互惠，只覺得自己有權要這要那，完全不懂何謂尊重，而且通常惡行惡狀。

碰上這種狀況，根本不值得去經營和這些人的關係。你要運用很多技巧，還要塑造個人形象，才能改變這些人對你的看法。但其實根本不值得你花心思去做，因為對方已經讓你看到他們是不值得認識的人。有一句老話就說了，想要跳出洞外，最好的辦法就是別再挖了。

有些人與情境需要你快刀斬亂麻。如果你在一家公司工作，你的主管是怒氣沖沖且很會虐待人的渾蛋，請離職。如果你陷入一樁受虐的婚姻，請離婚。有時候，以上的建議也適用於家人。如果家人的不當行為極為有害，那你為何要忍受？

我也知道有些人不能說走就走，比方說他們可能有小孩，或者有無法擺脫的財務或法律責任。在非常複雜的情況下，可能無法全部套用「脫身」這項建議。但我要說的是，你愈能照顧自己，就愈有能力照顧他人，也就不用忍受這麼多他人帶來的折磨。

推動人生的骨牌：要感激／欣賞別人，先要感謝與讚賞自己，愈成功時愈是如此。這表示，要善待自己，同時也要設下界線，要尊重自己的時間，並在必要時切割有毒的人事物。

要請你想一想的問題：你對別人的感激／欣賞，像對自己一樣多嗎？在哪些方面，如果你適切設下界線，可以帶來更多感激與讚賞？

在「互相影響」的世界，先練習感激吧！

我一向認為，生活中發生的許多事情，不管是社交還是心理，只要你想得到的人生面向，只用眼睛是看不到的。這句話用在很多事情上都成立，但或許用來講「感激與讚賞」最適合。

在理想世界，我們隨時展現出最好的自己，永遠快樂滿足，並對見到的每一個人心懷感恩。當然，前文已經說過，真正的人生可不是這樣。有時候我們會過得很不順、甚至很痛苦。有時候我們會陷入惡性循環，影響到自己能為別人付出的精力。

就算不去看最糟糕的時候，很多人也會發現，自己常處於無所謂又很冷漠的心理狀態。在這個世界上，許多人大部分時候既不心滿意足，但也說不上沮喪挫折。他們只是做該做的事以求度日，沒有特別的期待，也不會多想下一步，只把目光放在眼前的事物上。

我說這些並不是要責怪這些人。不管一個人成不成功，都會變得自滿。畢竟，一旦擁有之後，人就很難再時時心懷感恩。反之，要是事情無法如願，或人生到頭來不如預期，也很容易疲憊厭煩與憤世嫉俗。

我要說的是，我們都必須接受，生活就是會有情緒起伏。但不管怎麼樣都要練習感恩。理由很簡單，不管是不是刻意，人們總是會影響彼此。

當你決定不要給予生活中某個人應有的尊重，實際上你並非決定**不做**什麼，而是知道自己**該做**什麼。所以，你決定要刻薄、粗心輕率，或者更普遍來說，你決定不要展現理想中的自己。

關於感激與欣賞，很弔詭的是，你身邊每一個人的心裡都有一把尺，用來評斷要先爭取誰的認可，以及要感謝讚賞哪些人。而每個人心裡的尺都不一樣。人通常不會明講心裡的標準，但你可以去觀察他們如何對待你和其他人，通常就會知道他們實際上比較看重誰的意見。

這是很重要的資訊，因為你大可操弄別人的想法，來達成自身目的。另一方面，這項資訊也可以是很有效的催化劑，幫助這個世界變成更美好的地方。

因此，如果你看到，有人很想得到更多的欣賞與感激，卻往不願意給予的人身上去找，那就主動向前者表示你的感激讚賞！讓對方知道他們的價值，並看著他們綻放出本色。然後，你會看到他們把善意回饋到你和其他人身上。

而你的講話方式，使用的語調和手勢，以及很多人不會注意到的小細節，這些更時時影響著每一件事。

我這麼說，不是指你應該要能判讀每個人的心思，隨時隨地都要知道如何向某個人表達感謝或欣賞。我是說，當對方有渴望、而且你也察覺到這些渴望，可以真誠地感謝或欣賞對方。

有時候你只是露出微笑，或只是好好聽對方說一說。有時候你則是賣個產品給他們，或是讓他們和你認識的某個人搭上線。

感激／欣賞的重點，不在於你想要什麼，而是對方想要什麼，以及你有沒有能力，把他們和想要的東西串聯在一起。感激／欣賞的重點，是看出對方能為世界提供什麼幫助與價值。而你可以為他們營造一個空間，讓他們發揮這股力量。

推動人生的骨牌：對人表示感激欣賞，常給人太斯文，或沒有太多社會經驗，所以想法很天真的不好形象。但實際上，「感激／欣賞」值得大家的重視，更可以快速改變人生。

要請你想一想的問題：如果只能在一段關係或單一人生面向上，表達更多的感激／欣賞，從哪裡著手最能產生影響力？

推動人生的骨牌：

- **感激／欣賞會利滾利**，不管以個人關係還是商務關係來說，都是如此。
- 真正的感激／欣賞，是**心懷感恩**，**而且明確表達**出感激／欣賞之情。一旦你向對方展現這股能量，從字面上來看，也就是讓對方的價值「增值」，因為英語的「感激」和「增值」是同一個單字（appreciate）。

- 感激／欣賞別人是一種**行動**，必須持續去做。
- **要感激／欣賞別人，先要感謝與讚賞自己**，愈成功時愈是如此。這表示，要善待自己，同時也要設下界線，要尊重自己的時間，並在必要時切割有毒的人事物。
- 對人表示感激欣賞，常給人太斯文，或沒有太多社會經驗，所以想法很天真的不好形象。但實際上，「感激／欣賞」值得大家的重視，更可以快速改變人生。

演練與行動步驟

簡單的兩個問題，能帶來大大的啟示

感激／欣賞是很容易理解的概念，但有時候當下很難實踐。還好，我們可以練習。

我和超過千名極富裕的創業家，做過這項演練。雖然過程長了點，但你可以做比較簡單的簡短版：

一、**寫下你人生中最重要的人，包括這些人是誰，以及他們為你帶來哪些價值。**

二、**之後，寫出你有多常見到這些人，或你有多常告訴這些人，他們對你來說有何意義。**

這項演練很簡短又美好，但極具啟發性。你認為做完這項練習，最常見的反饋是什麼？你應該猜到了：我們並沒有把寶貴的時間，花在我們最在乎的人身上。很多時候，我們甚至沒有告訴他們，或**讓他們知道**，對方對我們來說如此重要。

人脈廣的祕密，藏在「感謝函」裡

找到人生中最重要的人之後，另一件我很愛的事情，是**寫一封真摯的感謝函給對方**。這不像是簡單的明信片或文字簡訊，當然兩種都很好，可以用來建立連結、找到樂子與培養感情。但寫感謝函，背後有更深刻的意義。

親手寫的感謝函意義重大，因為你要刻意花掉很多時間與工夫才能做到。在感謝函中，請向對方說你對他們有什麼感覺，你為什麼感謝他們，他們對你的人生造成什麼影響。如果你在信中能提到對方正在解決的問題，那會更好。

你在做本項練習時，可以人生中各領域的重要人士，作為書寫對象。

如果你每天發出十封體貼用心的感謝信函、電子郵件、明信片、語音訊息、文字訊息或影片，一個星期做五天，為期一年，透過這項努力經營出來的人脈網絡和得到的善循環，可謂驚人。

第8章

當下提供價值，就對了

幾年前，天才網絡兩萬五千美元群組辦了一場會議，我請全球頂尖的經濟學家、同時也是雷根政府前任顧問保羅・贊恩・皮爾澤（Paul Zane Pilzer）來演講。為了籌辦這場會議，我和保羅講了三十分鐘的電話，詳細走一遍活動流程。到時，場上會關掉攝影機，開放一個時段進行天馬行空的問答，講十件人們不知情、但和美國經濟有關的事情。

這場會議預計在幾週後推出，但對談當下，我們都興奮不已，實在一刻也不想多等，只想馬上行動。當時很多人都要找保羅，至今仍是。他出現在幾百份雜誌封面，《華爾街日報》等專業報紙也會訪問他，當然還有其他大大小小媒體。不懂經濟學的人，不會知道他是大名鼎鼎的人物。但可以說，他是時間很寶貴的重要人士。

即便已經有縝密的計畫，但時間長達幾個星期，什麼事都可能發生。於是我決定善用機會。

「且讓我們來做一場快速訪談，聊聊你之後要談的主題，當作引子。」我說，「我們可以發給與會者，以及知道這場會議之後，也會想要來的人。」

保羅毫不遲疑，大讚這是好主意，所以我馬上打電話給狄恩，要他幫忙錄音。

錄音設備幾分鐘之後就架好了，我和保羅開始對談。而這段「搶先預告」的效果，跟我想像中一樣好。

本書談的很多原則，都關乎你的心態，以及不同情境下如何行事。事前準備很有價值，但如果未能正確執行，準備再多也只是徒勞。有很多方法能創造價值，但必須**派上用場**，才有價值可言。這也是這條原則的重點。為了帶來最好的成果，你不是在未來、或用很抽象的方式提供價值。只要有可能，你必須**當下**給出價值。

「認識」很多大咖也沒用，重點是……

講到價值，重點之一是價值有多「實在」。就算你認識很多有影響力、或是對社會有幫助的人，如果不能真正和他們一起**做**點事，那就都不算數了。什麼都沒做，你就沒有幫到任何人，他們也沒有幫到你。

如果想更理解我講的意思，你可以從商業以外的角度，來想這件事。回想一下，你外出時，碰到好久不見的熟人或朋友，之後發生了什麼事？

一定有人說：「碰到你真是太開心了！」接著另一方則會說：「我們應該約個時間吃飯」、「我們應該一起做點什麼事」等模糊不清、語意不明的對話。但這些提議，有多少真的實現了？更重要的是，有多少人真的**想**追蹤這些提議的後續進展？

當然，也有少數時候，兩邊真的想要一起做點事或再聯絡，我的問題很簡單：為何不現在就做？如果真的那麼重要，那何不現在就一起喝杯咖啡？何不現在就列出合作的重點？在社交場合，這種推拖敷衍已經很煩人了，但在專業場合情況更糟。

在社交活動、或是參加研討會時，你總會遇到別人並開始建立關係，或是聽到對方說：「喔，那個誰誰誰如果能認識你，那就太好了」或「這些人可以一起做個案子」之類的。但同樣的，寒暄完後，交換了電子郵件或電話，也答應了之後要繼續聯絡，但從來沒成真。

以我來說，每次有人跟我說他碰到麻煩、有需求或機會時，我都會在腦中掃過一遍通訊錄，想想有沒有能幫上忙的人。之後，我不會說「我再傳電子郵件給雙方」，而是直接發送簡訊、傳送語音或影片檔，甚至馬上打電話給另一方。我知道，有些情況必須三思，你不能（也不應該）永遠都說做就做。但每當你有機會馬上「讓船速更快一點」，我建議你就去做。

這不代表日後你就不用再發郵件追蹤後續進度，但這不是重點。我的重點是，如果你人就在場，那就馬上去做！讓計畫變成現實！不要陷入「過度分析而動彈不得」的局面。這是指，你想東想西，到最後不做任何決定，或者就任憑事情懸而未決，不動手解決讓事情圓滿。相反的，一旦出現機會，你馬上動手去做，不浪費大家的時間，就能善用情勢，創造出最大價值。

我想起二十年前，我的朋友兼生產力顧問大衛·艾倫（David Allen）教我的「兩分鐘法則」（two-minute rule）。我們兩個花了一整天的時間相處，我幫他做行銷，他則用他的「搞定法」（getting-things-done，GTD）幫我忙。他這條法則很簡單：如果你有什麼事要做，而且花不到兩分鐘就可完成，那就去做！

沒錯，有些事需要醞釀，有些事完成、甚至決定的時間都不只兩分鐘。有時候，人需要花一點時間，在腦子裡構思好想法後，才可以說出口。但僅為了客氣說出「我們約個時間吃飯」這種話，可是實際上你並無意與對方相約，這種不得不說、但又只是客套的社交辭令，應該極力避免。

如果你很好奇，不知道怎麼樣才能在當下為別人創造價值，作家羅伯特・柯里爾（Robert Collier）說，你應該「進入潛在客戶心中的對話」。不管是人際關係還是行銷，這都是很犀利的洞見。

如果你學行銷，多半會成為研究人類行為的人。一旦你在乎別人想要什麼，就會去了解對方是什麼樣的人、有什麼興趣。而這有一部分可以回推到，「要成為有貢獻、心存感激且有價值的人」的概念上。人生中，可能有數不盡的人際關係和機會，但如果不採行必要的步驟、並實際行動，那就什麼都幫不了你。

在每一種情況下，第一步都是要自問：**對方想要或需要什麼？**之後，解決方案自然就是採取行動。

推動人生的骨牌：價值由執行力決定。就算認識很多位高權重、有影響力的人，但什麼都不做、不去幫彼此的忙，那就不是真實的價值。

要請你想一想的問題：在你的私人與商務關係中，你有多常即知即行，把潛在的價值轉化為實際的價值？你可以訂下哪些策略，讓你更常這麼做？

社群時代，老派卻有用的社交練習

自發明行銷、人際網絡和商業等概念之後，人們為了完成計畫、趕去開會，或者聯絡說好要聯繫的人（現代版本則包括取消預訂的咖啡，或是忘記在線上會議軟體Zoom上安排後續會議），忙得焦頭爛額。相信大家都很有感。相對而言，社群媒體在這方面究竟造成了多大的影響，則比較難說。

在還無法萬事靠網路的時代，銷售和行銷非常仰賴你是不是非常了解推銷對象的相關資訊。為達目的，老派的行銷人會花很多時間，發展出各式各樣的系統，以找到重要資訊。

為這個領域奠定黃金標準的，當然是我的朋友麥凱。

麥凱是《與鯊共泳》的作者，另外還寫過六本《紐約時報》排行榜上的暢銷書。他這本《與鯊共泳》裡有一套很經典的系統，名為「麥凱66」（Mackay 66），一推出就革新了行銷界。

簡單來說，「麥凱66」是一份顧客問卷，裡面有六十六個不同的問題。這有助於行銷人員理解，他們的東西要賣給什麼樣的人。問卷會問到基本的人口統計資訊，也會詢問大學教育背景、他們對個人背景的看法、宗教信仰，以及道德標準（再加上他們對**這一點**有什麼感受）。

這份問卷給了業務員非常完整的資訊，掌握除了數字之外的客戶訊息。它勾勒出客戶完整的心理層面，業務人員可以用來和潛在客戶建立連結。這份問卷讓銷售流程更有人味。

有很多行銷人都以麥凱的系統為基礎，想出他們自己的版本（或者是偷用他的概念，但完全沒有提到他）。不過，比較少人講到的，是社群媒體演算法，替我們做完了這些事。

如今，幾個規模最大的社交平台，每時每刻都從我們這裡收集資料和大數據。

有時甚至覺得，它們的演算法，比我們還了解自己！行銷人員當然可以想辦法利用那些平台，但說到實際**看到**本人、面對面建立連結時，演算法通常很有害。（而且，在破壞隱私與操弄新聞和世界大事上，社群媒體更可說是危險之至。）

社群媒體讓所有事情，變得方便過了頭。現在，只要一個平台，到網路上看看別人的檔案，就可以在頃刻之間，得到和對方有關的一切訊息。但副作用是，我們**自認**做了功課去了解對方，但事實上我們只是瀏覽某個頁面，然後套用刻板印象！

社群媒體的問題很明顯：我們變得愈來愈不好奇，把更多資訊強硬地塞進腦子裡，擅自對他人做出假設，這讓我們和真實人生脫了節，也造成我們無法在當下為對方提供價值。

在這個領域，「麥凱66」這項老派工具更見威力，超過任何人工智慧、機器學習或演算法。電腦演算的進步，看起來是讓每一個人都無所不知。然而，電腦雖然可以提供內容，卻無法梳理脈絡。有時候，做一做「麥凱66」這類老派的練習，可以幫助你把這些資訊內化，這是機器做不到的。

有趣的是，在和人見面之前，可以先看看他們的社交檔案……然後，如果你想的話，可以把「麥凱66」問卷用在對方的個人檔案上。根據演算法推給你的資訊（以及對方選擇公開的內容），你對這個人有多少了解？如果對方一直貼出高檔貨的照片，或者鼓動別人的忌妒心，或者只貼出自拍照，這代表了他們是怎麼樣的人？如果對方一直在網路上和人起衝突，那又代表什麼？

這項練習不會給你所有答案，但可以促使你再度燃起好奇心，跳脫簡單的想法和刻板印象。接下來，用更細心、有深度的方法去研究對方的背景後，你就能列出許多**實質**的問題，在見面時拿出來問問對方，這會讓你又興起更多的好奇心。

簡單來說，懷抱好奇心，讓你能用開放的態度對待他人。而用開放的態度對待他人，就能讓你看到他們想要與需要什麼。到頭來，看到別人的渴望與需求，就能對症下藥、**貢獻價值**。

在行銷界，最快速把東西賣出去的方法，是辨識出對方目前的渴望，同時建立理想的關係，向他們提出充滿吸引力、讓人無法抗拒的提案。就算不是在推銷，當你和其他人建立關係，流程也是一樣的。

講到創造價值，最重要的祕訣，是能夠「迅速」提供價值。如果大家都知道你是劍及履及、周到行事的人，馬上就會認定你有價值，等到你真的出手幫忙，這份價值就會繼續加乘。

那其實也就是天才網絡的實際經營之道：當下就提供價值。

推動人生的骨牌：要理解對方，才能提供價值。而社群媒體已自動幫你「收集對方資訊」。雖然透過社群媒體，能以之前做不到的方式來建立連結，但也會讓人覺得很疏離。要改變這一點，我們必須重新學習、或培養出理解他人的技能，找回對人的好奇心。

要請你想一想的問題：講到和他人有關的資訊，有哪些部分你會理所當然地靠社群媒體取得？你要如何用更好的方法，內化這些資訊，或如何有企圖地運用本項資訊？

倒數五秒，改變你的人際關係

如果你和某個人討論業務構想，然後說：「明天繼續談吧。」這句話促成你們共事的機率遠大於你說：「兩個星期之後，再回來談這件事。」

在商業與社交場合，我們很容易卡在「分析過頭而動彈不得」的局面。我們會去想誰又認識誰、什麼話該說什麼不該說、應該熱心到什麼地步，諸如此類的。但現實中，我們通常有餘裕去犯一點小錯。所以，請勇敢地向前多走一點，超越你自認為能做到的地步。

就算沒有提出最完美的提案，或是對方不願立即討論後續事宜，這也不會是世界末日。事實上，也不會發生什麼壞事。你可能沒有得到想要的，但也獲得了更多資訊，可以在日後幫你省下時間。

重點是，就算很多創業家與高成就人士，都有完美主義的傾向。但多數時候，即時行動、多多行動，都比等到完美時機才動手好太多了。

換言之就是：

請盡你所能，不要把人生看得太過嚴肅。因為多數情況下，都沒有這個必要。

有時候，三思而行明顯比較好。舉例來說，如果你是戰鬥機飛行員或是外科醫師，精不精準就決定了是生還是死。

但社交活動和商業交易很少事關生死。採取行動通常不會造成嚴重的後果，而且最好加快**執行速度**（speed of implementation）。伊本說，執行速度就是快速行動，加上一點急迫感。基本上，你要趕快起身並採取行動，不然等一等你就會叫自己別做了。

這講起來容易，做起來難。對於很容易焦慮或分心的人來說，尤其不容易。你可以做一些演練，讓你不要只是左思右想而已。其中我常做的一項練習，是作家梅爾・羅賓斯（Mel Robbins）提出的方法。

梅爾傳授一套她稱為「五秒法則」（five-second rule）的方法，你在網路上做點研究，就可以學到所有內容。法則背後的想法，是如果你想要完成某個目標，但沒有在五秒鐘之內動手，基本上大腦就會扼殺這個想法。

這聽起來會造成很大的壓力。幸好，你可以把這項資訊化作優勢。

梅爾說，每當你想要做什麼，規則就是從五開始倒數，等你數到「一」，就**必須**採取行動。這是一套很簡單的方法，可以加快你的執行速度。

這麼做，會提高你的成功機率。因為你會更常採取行動，跳脫「卡住」的心態。

對我來說，梅爾的建議意味著，如果人生停滯不前，或是無法好好培養人際關係，很可能是因為太常按下「貪睡按鍵」。你可能讓懷疑或焦慮，控制住了你最好的一面。請不要再等待適當的時機，請理解，通常**沒有**適當的時機這種事。或者，更簡單來說，**此時此刻**常常就是適當的時機。有人溺水，你要**馬上**丟救生衣給他。你不能先跑走，去找找看有沒有「適當」顏色的救生衣。

推動人生的骨牌：快速提供價值，會消除虛偽的關係與不誠心的往來。而行動之後，對方的反應就是你可以善用的訊息。你可以藉此避免在別人不需要或不想要時，「一起吃中飯」。同時，運用「五秒法則」，確保你很快就採取了行動。

要請你想一想的問題：如果你持續在生活中應用「五秒法則」，有多少次你可以推動更多重要的事？

你是不是，一廂情願過了頭？

我之前提過，世上每一個人，都無法永遠正確解讀情勢和判讀情境。我們不是機器人，大家也都有各式各樣必須克服的認知扭曲。

但就算你能轉念，聽取別人的意見，以更快的速度，提供更高的價值，還是有可能陷入其他心理陷阱。我認為，其中最糟糕的，就是「一廂情願」的認知陷阱。

我說過「人無法正確判讀情境」，但一廂情願的人，所作所為都像在打臉這句話。因為你認為，自己的觀點與對世事的解讀，無論是正面或負面，都很穩當、無可質疑。

舉例來說，如果凡事以負面思考，恐怕會發生以下情況：假設你抱持著負面信念，而且無法擺脫它。由於受到早年的經歷影響，你認為自己毫無價值、很遜，還認為其他人不想聽你說什麼。你把這種信念當作事實，所以影響了你在社交場合中的行為。

你會和人交流，也會盡力去理解他們想要什麼。但一想到「增添價值」或「建立連結」，你就會阻止自己。你的大腦會告訴你，**我不被愛，沒有人想聽我要講什麼**。

這麼一來，你會開始想像，未來**可能**會發生在你身上的情境，以避開自我認知錯誤，所引發的痛苦。你會想：也許有一天，會有人看到我真正的價值。等到對的人出現，說不定他就會看見、並欣賞我的本色。

這種模式造成的結果，是你一直卡在胡思亂想裡面，永遠都只能做個旁觀者。你替自己設下了完美的陷阱，而且自己都看不出來。

然而，更弔詭的是，製造陷阱的還不一定是負面的認知，正面的認知也可能有同樣的效果！

現在讓我們假設你是藝術家、演員或音樂家，你打從心裡非常有自信，認為自己在這一行是最棒的。通常，這種正面認知也會影響到其他面向，扭曲你看待現實的觀點。

在社交場合上，你很可能只會談自己，因為你認為自己是全場最有趣的人。你會問自己，這些人怎麼可能不想聽到和我有關的事？因為你認為，「總有一天我會成為全世界最知名的演員，他們就可以大講特講今天見到我的事！」

在這種情況下，你決定展現的個性，很可能讓人倒胃口。此外，你也不可能有大突破，但你的自信還是帶著你不斷向前衝。你想著，總有一天會有人挖掘我，不可能全世界都沒人看到我。我這麼有天分，不可能被忽略！

不管是哪一種，抱著一廂情願的想法，基本上就等於是說：「我不想改變，我應該得到想要的，好事最終必會發生在我身上。」有趣的是，很多人很快就會說第二個範例是自戀，第一個範例叫憂鬱。但不管在什麼情況下，都只想到「我、我、我」，不也是一種自戀？

重點是，要把焦點放在，當下就提供**價值**。如果你總是樂於分享自己的想法，但還是無法建立良好的連結，那代表你可能「當下」就有行動，但提供的東西不夠

有價值。

另一方面，如果你向來不談自己的想法，也很猶豫要不要和別人建立連結。你或許可以提供很多價值，但並沒有在「當下」就提出來。上述兩種情況，你都應該極力避免！

推動人生的骨牌：不要一廂情願，想著你終究會被「發掘」，或是認為總有一天，每一件事都會神奇地為你改變。反之，要好好向他人行銷你這個人和你的價值。

要請你想一想的問題：你在人生的哪一個面向，不敢行銷或「推銷」自己？理由又是什麼？其中是否和你暗自地一廂情願有關？

只要夠好，就不需要行銷……真的嗎？

很多人可能都聽過一句老話：「商品夠好的話，就不需要任何行銷！」聽起來字字珠璣，但這不是真的，不管在商業或人生都不成立。商品「好」到（換言之，顧客愛不釋手）無須行銷的經典範例，是違禁毒品。但就算是這些東西，這句話也不成立。

如果你檢視全世界的吸毒史，會看到各式各樣的毒品盛衰記。鴉片有一度很受歡迎，之後是古柯鹼。八十年前，人們會用很嚴厲的標準來看大麻。但如今，很多地方都可以合法吸食大麻，幾乎都快變成主流社會商品了。

如果各式各樣的毒品都是「好」商品，那麼，為何不是所有毒品在任何時候都一樣受歡迎？答案是，文化、法律、社會對於毒品的理解、人們的用法，以及人和社會在特定時期經歷的創傷等各種因素，都會隨著時間改變。換言之，**毒品的行銷方式也會改變**。

我們也能把這條規則，套用到其他領域，比方說寫作和繪畫。但在舉例時，人們通常都改寫了歷史，假想某些作家或畫家全憑自身的才華，爬到頂峰（雖然有很多人要到死後才出名，或是才賣出畫作）。

例如，傑克遜·波洛克（Jackson Pollock）確實很有才華，但他同時畫了**很多**作品，也是藝評家克萊門特·格林伯格（Clement Greenberg）的密友，是後者把他推到了鎂光燈下。另外，像海明威確實是很偉大的作家，可原因也在於，他發展出獨樹一格的寫作風格，過著很特別的人生，並和幾十位同樣出名的作家為友，包括葛楚·史坦（Gertrude Stein）、費茲傑羅、詹姆士·喬伊斯（James Joyce）等等。

在以上**每一個**範例中，要創造出世界級的成就，都需要大量的努力、行銷和品牌定位。

你可以說，很靠天分的職業運動員不太需要行銷，重點是要練習和有能力。但同樣的，要進入運動競賽中的最高殿堂，行銷與形象定位仍扮演要角，有助於運動員爭取更多比賽機會，或找到更好的教練，諸如此類。

換言之，行銷少不了。

講這些的重點，不是要打擊還沒學過行銷、或覺得自己天生就不是行銷的料的人，而是要推翻「東西好，顧客就會買單，不需要特別努力，也不必影響別人」等消極思維，因為實際上並不是這樣。

另一方面，接受現實，認清你**確實**需要與人建立連結，也**的確**需要展現自己最好的一面，（某種程度上）也**該**想一想別人對你的看法，會為你帶來自由。

這給了你工具，能戰勝自我挫敗，解決各種難題，並懂得質疑自己的世界觀。這可以使你心胸更開闊、放下戒心，並更有好奇心。如此一來，自然能成為更風趣、更有意思的人，大家都願意和你相處。

能做到這樣，遇到各種情況時，你也能敦促自己與他人向前邁進。一旦碰到狀況，更可以快速行動。

你可以盡快消除認知與實際上的差距，當下就提供價值。請記住，你並非無法決定「別人眼中對你的第一印象」。你**確實**做得到，前提是要能與人建立連結、待人友善、肯幫忙，而且體貼周到。

更重要的是，你**也**可以擁有影響力，讓身邊的世界變得更好。但同樣的，你要先相信這是真的。

推動人生的骨牌：「好產品就不需要好行銷」的想法，聽起來可能很巧妙，但這不是真的。就算是好產品，也需要好行銷。要認清的現實是，無論是生活或工作，你需要努力與外界建立起連結。

要請你想一想的問題：如果沒有好的行銷，你會錯過哪一個能改變人生的人、產品或服務？

萬一，好心沒好報……

我們要在當下就提供價值，是基於幾個不同的理由：

- 這等於向別人證明，你可以拿得出有用的東西，並馬上贏得他們的信任。
- 以職場與經營人脈來說，這是一種「篩選」機制，可以排除虛偽、不可靠的行為，激發出真正的連結和行動。

- 這可擴展你的人際關係和人脈，使你能夠建立更多新關係與連結，讓人脈圈加深加廣。

這些聽起來都很好，按理來說也很棒。但缺點是，不保證你提供價值的對象和你一樣，都抱持正面的想法。簡而言之，你投入的心力很可能得不到回報。

多年來，這種事一次又一次發生在我身上。

有一次，是發生在我辦完一場天才網絡的活動後。當時我請來很多名人演講，包括雅莉安娜·哈芬登（Arianna Huffington）、提摩西·費里斯（Timothy Ferriss）、戴倫·哈迪（Darren Hardy）和丹等等。活動結束後，我和雅莉安娜一起做創意發想。當時一個和我合作的人，也想參與我們的討論。此人是我的朋友，我認為建立連結對他跟雅莉安娜來說，都很有用，因此我把他帶進專案裡。

之後，我們一起合作，幫忙行銷雅莉安娜所寫、當時已經登上《紐約時報》暢銷書排行榜的書《從容的力量》（*Thrive*）。他和雅莉安娜也因為我的介紹成為朋友，雅莉安娜還把他介紹給歐普拉，講好要替她的公司做系列專訪。

之後，我這位朋友請雅莉安娜去他的活動演說，我也會出席。當天，我接到雅莉安娜的電話，要我和她在旅館外碰面之後，帶她到後台，因為她之前從來沒來過。我說沒問題，就去旅館外面等她了。

我接到她之後就帶她去後台，但等我到了後台，就有人把我擋下來，並對我說：「你不可以進來。」我很疑惑。為了解決問題，我打電話給那位朋友，他指示員工讓我進入後台。他說他不太清楚到底發生了什麼事，但是他很歡迎我過來。然而，等我進到後台，他卻把我拉到一邊說話。

「嘿，老兄，」他說，「我做專訪時，如果後台有人我會分心，你介不介意由我自己來訪問雅莉安娜？」我說沒問題，然後就離開了。

之後，名演講人托尼．羅賓斯（Tony Robbins）過來參加我的天才網絡年度活動，接受我的訪談，作為我幫忙行銷他的書《錢》（*Money: Master the Game*）的謝禮。我原本替托尼擬定的計畫，是請他和天才網絡的會員聊聊，但那位朋友問我能不能由他私下訪問托尼。

為了表現善意，我答應他做專訪。一切都很順利，只有我很沮喪。結束之後，托尼跑去跟我的員工聊聊，我另一位朋友過來向我搭話——他早已看穿事情是怎麼回事了。

他說，「你的員工很棒，但那傢伙是不要臉的占便宜小人。」

活動之後，此人還是與天才網絡的會員結盟做了一些交易，但我們的關係漸行漸遠。

幾年後，我才從過去在他手下工作的人那裡聽說，雅莉安娜專訪那天，他指示員工把我從雅莉安娜身邊拉開，不讓我去後台。這讓我不敢置信。他為何這麼做？我做了什麼，會讓他這麼不安？我所做的一切，都是盡快、而且再三為他提供價值。

本質上，當下就提供價值，肯定會在多方面推動你自己和你的人際關係向前邁進。但就像其他事情一樣，這也有缺點。

基本上，當你實際操作愈多次，你會領悟到，不是每一個人都會用相同的方法，付出或展現價值。有的時候，一個人會現身，是為了**拿取**你付出的價值，完全沒有回報的意思。

然而，這表示你應該更嚴格待人，或者不要替別人穿針引線嗎？雖然這關乎當事人的決定與動機，但我的答案是「當然不是」。

我的人生與成就，圍繞在把各種經驗串聯起來，讓出色的人共聚一堂，以及「讓朋友進入我的世界」。若只是把財富、人脈關係或機會囤在自己手上，不願意給別人機會，看看他們如何運用，那麼，就算成功了也很無趣。

至少我是這麼認為。但我也知道，不是每個人都這麼想。

我還是建議，你要假設別人也抱持良好的意圖，只要你有能力且願意，就出手幫忙。關鍵是，你要知道，有時候別人不見得感激你的付出。長期下來，勞心勞力或提供價值卻得不到感激，那就不會是一種關係，而是被人占便宜。

如果你面對、往來的是對的人，當下就提供價值是好事。一旦你發現實際上並非如此，請離開。世界上還有很多好人，**會**感激你提供的價值！

推動人生的骨牌：當下提供價值一定會推進關係，但不見得是平等或互惠的。然而，不要受到別人的消極作為、或是貪小便宜影響，使你不敢去尋

找會感激你的人，也不去和他們建立連結。

要請你想一想的問題：哪些舊想法，讓你無法在當下提供價值？當中有沒有值得你繼續堅持的想法？

推動人生的骨牌：

- 要幫忙對方時，請馬上把你的計畫付諸行動，**當下就提供價值**。
- **價值由執行力決定**。就算認識很多位高權重、有影響力的人，但什麼都不做、不去幫彼此的忙，那就不是真實的價值。
- 要**理解對方**，才能提供價值。而社群媒體已自動幫你「收集對方資訊」。雖然透過社群媒體，能以之前做不到的方式來建立連結，但也會讓人覺得很疏離。要改變這一點，我們必須重新學習、或培養出理解他人的技能，找回對人的好奇心。

- 快速提供價值，會消除虛偽的關係與不誠心的往來。而行動之後，對方的反應就是你可以善用的訊息。你可以藉此避免在別人不需要或不想要時，「一起吃中飯」。同時，運用「**五秒法則**」，確保你很快就採取了行動。
- **不要一廂情願，想著你終究會被「發掘」**，或是認為總有一天，每一件事都會神奇地為你改變。反之，要好好向他人行銷你這個人和你的價值。
- 「好產品就不需要好行銷」的想法，聽起來可能很巧妙，但這不是真的。就算是好產品，也需要好行銷。要認清的現實是，無論是生活或工作，你需要努力與外界建立起連結。
- **當下提供價值一定會推進關係，但不見得是平等或互惠的**。然而，不要受到別人的消極作為、或是貪小便宜影響，使你不敢去尋找會感激你的人，也不去和他們建立連結。

演練與行動步驟

用「麥凱66」，打造高價值連結

之前提過，「麥凱66」是一份包含六十六個問題的清單，業務人員可以善加利用，以更了解他們銷售的對象。如果你還不熟悉這套方法，請在網路上做點研究以通盤掌握，或去買麥凱寫的《與鯊共泳》。他在問卷中列出的一些問題（用詞有稍做修改）如：

- 這位顧客有念大學嗎？如果有的話，是念哪裡？他參加哪些社團或課外活動？
- 如果這位顧客沒有讀過大學，他們會對這件事很敏感嗎？
- 你的顧客會不會拒絕任何人請他們吃飯？為何會或為何不會？

• 你不應該和這位顧客討論哪些私密或敏感話題？

做這些研究對行銷來說很有用，但背後的原則也可以套用到人際關係上，指出你如何在當下提供更多價值。

透過這類問題，可以知道很多對方的資訊。當然，如今，其中某些訊息可以透過（我們習以為常的）社群媒體演算法取得。

我們常看了別人的社群貼文，就**自以為**認識對方，反倒不去做收集與解讀資訊的工作。現實中，我們常會形成刻板印象，或是買單其他人的**揣測**，認定對方實際上就是那樣的人。

為了修正盲點，在建立新的連結或爭取潛在客戶時，拿紙筆完整寫出「麥凱66」，會是開放心胸的好練習。這讓我們理解，必須怎麼做才能了解身邊的人。而得到的資訊又如何能幫助我們，成為對他們來說更有用、更有價值的人。

你的人際關係生病了嗎？高風險「半吊子」指標

會想出這些指標，始於我、克里斯・佛斯（Chris Voss）和安德烈・諾曼（André Norman）共進午餐商討新專案，並聊到如何找到「小精靈」型（輕鬆、有錢賺又有樂趣）的人，不要去碰「半吊子」型（辛苦、惱人、無力且讓人倍感挫折）的人。

我發現，我們三個人會湊在一起，還真是奇怪。克里斯之前是FBI頂尖的國際綁架事件談判高手，現在則是全球最炙手可熱的協商專家。安德烈以前是罪犯，後來變成網紅、作家和演講家！

從一方面來說，我認為這證明，我有能力透過天才網絡，和各行各業的人建立連結。但這也證明，如果你可以找到一群「小精靈」型的人，他們會有共同之處，可以克服任何差異，並且彼此合作。

當然，要做到這一點，你必須在人際關係與商業談判中，避開「半吊子型」的人。但這聽起來容易，做起來難。幸好，克里斯運用他的談判專業，融合我的「小精靈」概念，創造出他所說的「高風險『半吊子』指標」，用來判斷交流的對象。

克里斯說，「半吊子」型的人，透露出來最明顯的信號，和「小精靈」型的人有點像，他們會對你說：

「這對你來說可能是大好機會。」

但對方沒有提出實際的計畫，沒有他人的成功前例可供遵循，也沒有任何實質細節，這通常代表**你**才是**他們**的好機會。你最後會做了很多「半吊子」的工作，讓他們坐享「小精靈」的好處。

一旦你隨時都在當下提供價值（或是你身邊都是會這麼做的人），至少要保留一點懷疑或批判，是很重要的。如果對方為你介紹你想認識的人，而且沒有任何附帶條件，這就是**當下就提供價值**的最佳範例。但要是對方推銷給你的是連做夢都想不到的成功機會，但又不講任何細節，那比較有可能是**當下就給你製造麻煩**。

為了盡量避開後者，你需要學會區分「小精靈」型和「半吊子」型的人。而你可以列出一張專屬於你的高風險「半吊子」指標，例如：

一、**回想你交流過的人，有哪些是你看走眼，而且讓你的生活更趨向「半吊**

子」？他們一開始和你接觸時，說了什麼、做了什麼，讓你能夠接受他們？雖然我們都遇過這種人，但常常忘記事情是怎樣起頭的，也沒有用更批判的眼光來看這些人。請盡可能寫下最多範例，並盡量詳述。

二、**在你寫下的案例中，早期有哪些警示紅旗（或較不嚴重的黃旗），指向你們的關係不斷惡化、或者無法改善？你當時用什麼藉口忽略這些警訊？**其實，在對「不值得的人」釋出善意和信任時，我們都心裡有數，只是選擇忽略更敏銳的直覺，而犯下錯誤。在分析前一題的範例時，請回想並記下，相處上曾出現警訊的時刻。

三、**把每一個範例和細節拿來做比較。你有沒有看到當中有什麼相似點？有沒有哪些言論或事件一再出現？你從中得出什麼結論？**天底下沒有一模一樣的兩個人。對每一個人來說，什麼人是「小精靈」、什麼人是「半吊子」，也是因人而異。但藉由檢視讓人不快的人際關係與經驗，可以找出模式，包括他人會表現出哪些不當行為，以及自己有哪些弱點。

根據最後一題找出來的答案，請不要再重蹈覆轍、忽略你自己的行為模式，或是你在他人身上看到的行為模式。首先，請寫下筆記，說明你**最有可能**在哪些方面被人占便宜。之後，寫下**其他人**為了利用你這項弱點，會有的行為與言論。

手握這項資訊後，一旦你在關係早期階段，發現對方講了或做了你記下的言語和行為，你就知道該怎麼想了：**這對我來說，是高風險的「半吊子」指標**。

克里斯說，成功與否不僅取決於花時間和誰相處，也關乎要**很清楚**不要把時間浪費在誰身上。如果想更詳細了解這些概念，並查看我對克里斯做的專訪，請上我的網站（www.JoePolish.com/WIIFT）。

第9章

想打造好人脈？善用面對面交流

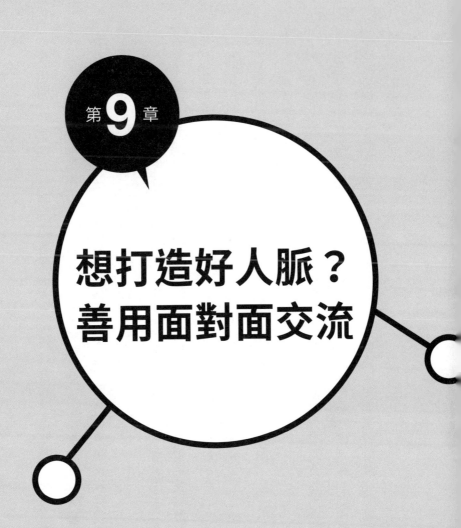

幾年前，我去匹茲堡為幾家專業清潔公司做教育訓練，他們是我的白金級客戶，是我在業界最高級的客戶。我們討論的主題是行銷。這場會談和《我愛行銷》Podcast有關，多數與會人員也很熟悉這個節目。會談即將結束時，我對在場的人說，如果真的想要強化行銷技巧，應該要自己動手做。

「《我愛行銷》節目裡有很多課程，教授直效行銷（direct response marketing）等各種主題。」我說，「但你必須和他人一起不斷練習，持續學習。要能做到這一點，必須先發起自己的聚會小組！」

《我愛行銷》小組活動背後的理念，在很多層面上都成功發酵。一方面，節目本身就是很好的工具，可以打造與籌組自發互動的社群。回過頭來，這又為身為節目共同主持人的我和狄恩，帶來很多益處。

另一方面，其中的運作方式就像我說的：幫助人們依據自己的時間、步調，讓想法（像是籌組聚會小組）真正內化、知行合一。透過聚會，創業家和節目的聽眾可以彼此交流，重現和我以及狄恩互動的經驗。此外，參與聚會能讓你自動建立起領導者的地位。

親自參與活動，自然而然會締結連結與創造社群，讓與會的人有機會合組企業、一起賺錢，也可能結交到終身好友。

最後，出席實體活動之所以這麼棒，是因為這可以實踐人生與職場最重要的原則之一：在人際互動中，你應該盡可能實際相處。

語調、訊息⋯⋯用對方法，就能縮短距離

如果你記得，我之前講過我有傳訊息的習慣，你可能已經理解我說「盡可能實際相處」是什麼意思。

基本上，這是指你要用任何可用的方法，來縮短你和他人之間的距離，讓每一次相處，都能發揮最大的影響力。

雖然在現實中，和他人面對面交流不一定可行。但就算無法真正到場，也不代表無法創造真心誠意的連結。

重點是，請不要發送大量的制式電子郵件或訊息，要發的話就要用心。或者，你應該寄出實體明信片與信函。還有，不要發送無聊的簡訊。你可以傳送影片與語音訊息，強調你現在正在做的事，或是傳他們會覺得很有用的內容。你甚至可以打個電話、約出來見面，或是在視訊平台上開個會議室聊聊，不要只由你唱獨角戲。

而這也意味著，你要調整語調、肢體語言等等，讓你更能與人建立連結，無論媒介為何。畢竟，你需要用不同的溝通方式，去面對形形色色的人。

網路上流傳一張梗圖，旁邊加注了一句智慧小語，我看過幾個不同的版本，但基本概念如下：

> 人生中九成的溝通問題都出在語調，會有問題的不是你說什麼，而是你怎麼說。

在任何情況下，這段話都成立。尤其無法面對面溝通時，這種說法更有道理。想一想，你曾經讓別人錯讀、或誤判你的電子郵件或簡訊多少次？

基本原則是，語調可以締結或切斷連結。正如前文所述，連結往往是最重要的事，值得賣力追求。

熱情是好事，但如果你表現得**太過**熱情，別人就會覺得你很假、別有所圖等等。這就像是調廣播頻道，調得剛剛好，就可以清楚收聽音樂。調錯了，就只能聽到雜訊。

每個人的性格不同，對「實際相處」的理解也各異。如果你問我如何和他人溝通，怎麼與他人「面對面」相處，我的腦子裡會閃過很多想法。但有一點格外重要，就是要激發對方的情感、喚醒或燃起他們的渴望！

這裡有一個範例：iPhone問世之前，有一種產品叫Flip Video。那是小型的盒裝手持攝影機，可以拍攝短片、上傳並快速分享。

我馬上拍攝了大量Flip影片，然後用電子郵件發送給大家。我從很早期就盡量發送語音和影片訊息，因為我認為這些更有效。語音和影片可以勾起更強烈的情緒，從而帶動更強大的行動。

事實上，我還記得，有一個人就是因為我發出的語音訊息，和他的合夥人一起加入了天才網絡年度大會，每人費用為一萬美元。在這之前，我和他們有超過十年沒見了！但因為我發送了語音訊息，請他們去我的網站上登記，過來參加活動，他們也成為天才網絡會員。

友誼和關係就像植物和花園一樣，同樣需要灌溉，以及陽光的滋養。也因此，我總是盡可能記得寫寫信、發送語音和影片訊息這類的，持續灑下關心與感謝的「雨露」，滋潤我關心的人。這讓一切大不同。

推動人生的骨牌：要做到「實際相處」，代表要用各種可能的方法，拉近人際關係中的情感距離。關係就像植物一樣，需要不斷有關心、感激和交流的「雨露」澆灌，才能成長。

要請你想一想的問題：在你的親密人際關係中，有沒有長期下來愈來愈少「面對面」交流的？你可以用哪些策略，來拉近這樣的情感距離？

禮物籃的啟示

約翰．麥基（John Mackey）是全食超市（Whole Foods）的創辦人。有一次，我要在天才網絡年度活動上訪問他，我希望有備無患。比訪問更重要的是，我希望約翰明白，我很在乎他來天才網絡的體驗。

我知道約翰很多事。起因是二〇一三年，我到了全食超市總部（設在德州奧斯丁〔Austin〕），和他共進長達三小時的午餐。（之後，我也去參加他主辦的自覺資本主義〔Conscious Capitalism〕活動。）就算這樣，我還是希望挖掘更多和他有關的事，更了解他一點。因此，我和團隊做了很多研究，以了解他的好惡。

約翰上台演講時，我們在會場放了一個籃子，裡面裝滿他喜歡的食物、飲料、DVD、書籍等等，還有一些別的，但我已經想不起來了。要能做到這種地步，我和同事JR合作，他看了很多約翰的專訪，並且整理出我可以提出的最佳問題。

我記得和約翰的助理聊過，她轉寄約翰對那次活動的意見給我：

我在這場研討會上非常享受。喬和他的團隊做得很棒。喬在訪談時提出的問題，是我在公開論壇上被問過最棒的問題。

（若想看我訪談約翰的內容，請上我的網站www.JoePolish.com/WIIFT。）

這件事的重點是，如果你做了該做的功課，讓所有的事物各就各位，就能給別人留下好印象，帶來很棒的結果。重點也不在於要淨說好話、討好他人，重要的是要**關心別人**。

很多高階人才，都是其他創業家與支持者很想見的人，但通常後者不會去做點研究。以約翰為例，在他看到我們替他組合的禮物籃之後，就明白我們花了很多時間，想要讓他盡可能感到舒適。

這讓我想起柯里爾寫文案的原則，請容我重複：「進入潛在客戶心中的對話。」盡量實際相處和個人化行銷一樣，都是來自於以人為本的連結和人脈的經營。

在我人生的這個階段，我會收到很多人的採訪邀約，或請我上他們的Podcast。

如果有人來找我的團隊、或是當面問我：「我能不能在自己的Podcast上採訪你？」我會問：「你有聽過我的任何Podcast嗎？」這個問題威力無窮。多數時候，我拒絕了那些Podcast邀約。真相就是，我僅會把心力投入到也願意投資我的人身上。邀約太多，以上就是我過濾的其中一種方法。這不是唯一的標準，但是很重要。

然而，如果有人展現誠意，也做過研究，並且對於我要說的話很感興趣，那事情就不一樣了。我常說：「很多人希望你吃他們的狗食，但他們卻從未吃過你的狗食（按：美國俚語中，以狗食指稱自家的產品與服務）。」這樣無法建立起強韌的連結。

我的朋友席爾迪尼博士寫了《鋪梗力》和《影響力》，這兩本書都對此一主題提出很多見解，後面一本尤其豐富。

席爾迪尼的兩條影響力核心原則，是**喜好**（liking）和**互惠**（reciprocity），和我在本書的主張是一樣的。我深信要和他人建立關係，要靠發掘對方的興趣，並真心誠意地替對方做一點很酷的事。當然，如果要建立真正的連結，對方也必須禮尚往來，回報這股能量。

推動人生的骨牌：要給他人留下好印象，並讓對方覺得受到禮遇，你要做功課。不要在沒有替對方創造價值之前，先要求別人替你做事，也不要一副「我有權要求」的態度。請盡你所能地了解對方，讓對方看到你很在乎。一旦你讓別人感覺受到優待，就替人際關係奠下了絕佳的基礎（但良好的人際關係，必定是互惠的）。

要請你想一想的問題：你剛開始和對方互動時，會有什麼期待？你會對自己有相同的期待嗎？

好交流，壞交流

如果我和也認識我朋友的人出門，我們會一起錄製語音檔、拍攝短片或拍照。這些時候（尤其是拍影片時），我會錄有趣的事物，可能是關於我自己、同行者，或是我們兩個人，之後把訊息發送給共同朋友，跟他們打聲招呼。

在幫助別人重拾連結、進行對話上，我一直扮演幕後推手的角色。而且，其中有很多是彼此早已相識的人。為何需要我？因為很多人會覺得，雖然和對方再搭上線的主意很棒，但「主動去找人」讓他們覺得很尷尬。然而，我的人生哲學就包含，無論是什麼互動場景，要維繫連結，就要貢獻價值、效用，並帶來**樂趣**。當然，這是我自己的方式。有些人可能認為，我很奇怪或是太主動，但我推動很多人際關係開花結果。如果我沒有這麼做，就不會有這些成果了。

說到建立連結，重點應該放在態度和能量上。當中包括了熱情、合作、友善，以及玩鬧、吐槽和戲謔你的朋友，凡此種種。不過，想要在實際交流時，維持好的能量狀態，你應該先想辦法了解其他人，而不是等著對方來了解你。但要注意，不要太好辯，或把自己的想法強加在別人身上。（除非你很了解你的聽眾，而且已經培養出可以交心的關係。那麼，在情況許可之下，你可以表現得有點誇張、異於常人。）

在這方面，我常看到非營利組織的人踏入誤區。非營利組織者經常沒有任何理由地希望你要資助、捐款，或關心他們的志業，只因為他們現在就在做這些事。他們只想要你奉獻，卻沒有讓捐獻者受到感召，忽略了應該要使對方打從心底真正**在乎**這件事。

人在過程中必須全心投入。就如你不能強迫蝴蝶還沒準備好，就破繭而出，培養交心關係也是同樣的道理。你必須投入醞釀期以及一定的時間。

你要有耐性，需要把眼光放遠，檢視人際關係或計畫的完整發展軌跡。而樂於付出的人，通常不會有急於求成的問題。但若覺得自己有權對別人頤指氣使、予取予求，就會認為「保持耐心、慢慢培養關係」是很棘手的事。

當然，講到這些，就引發了一個值得探討的問題：有哪些事**不可**做。

簡言之，實際交流時，很差勁的行為包括：咄咄逼人或固執到討人厭的地步，甚至把對方逼走。具體來說，像是太臭屁（除非你已經和對方培養出交心關係）、傲慢、只顧自己，如果還會打擊到對方，那尤其嚴重。

另一種會傷害人際關係的行為是，有些人會**假裝**了解對方，但最後使得他們假想中的人際或交心關係，變得非常緊繃。會發生這種事，有可能是此人誤判了情勢，或是生長於缺乏安全感的環境。後者更嚴重，因為要和別人建立真正的連結，必須先為自己建立安全感。你必須知道，自己能為局面帶來價值，而且你也希望和別人分享。

當然，你也必須要有鑑別力。

有很多人希望我幫他們牽線，去認識某些我認識的人。但又不願意提供價值，讓這樣的連結有意義，或者他們根本還沒有達到對方的水平。我會告訴他們，請寫下一些東西，讓我可以拿給他們想要認識的人看。畢竟，我不能僅因為隨口的要求，就貿然介紹。要將大家串聯起來，前提是對每一個人來說，都有建立關係的好理由，而且能獲益。此外，如果建立這份連結，對雙方以及要求介紹的人來說都很重要，就更不應該由我來替他們做功課。

就算有所謂的規則和「正確方法」，也有很多反其道而行、卻成功的例子。換言之，有人之所以能在生活中得到想要的東西，是因為他們非常頑固且令人心煩。雖然他們有時候可以得到自己想要的，但也會讓某些人避之唯恐不及。

惹人厭的人，就算位高權重，也不會得到他人的看重。雖然當個固執的人，**可以**讓你得到想要的，但如果你**只有**這套策略，那就和本書要傳達的訊息背道而馳。

每一個人的長處都不同，但如果說有「正確」的交流方法，那必是要事先知道，你的行為會給對方造成什麼後果，並明白要怎麼做，才能讓他們認同你。講到盡量透過實際相處建立連結，正確的方法，是要站穩有利的位置、成為大咖（而且是自己掙得的，不是偽造的）、要有價值，而且要能有所貢獻。這樣的話，別人才會想要更進一步了解你。

推動人生的骨牌：讓別人覺得受到禮遇與欣賞，是建立連結的好方法。但同樣重要的是，要知道哪些事不可做。雖然沒有「正確」的行事方式，但要選擇去做讓別人會想靠近你、而不是遠離你的事。

要請你想一想的問題：以你最親密的人際關係來說，你做了哪些事讓對方「靠向」你？這些行為對不同的人來說，又會引起什麼感受？

何不把所有對話，都當成「關鍵對話」？

我們就承認吧：生活中很多對話，都是為了聊而聊。換言之，雖然我們也可以從中建立連結與得到樂趣，但不會說那些是**關鍵**對話。

生活中沒這麼多關鍵對話。但請思考一下，所謂的重要對話都是哪些內容。或許是跟主管商討加薪事宜，或者是在已經變質的關係中，和對方談分手。不管是哪一種情況，這類對話當中蘊藏著對我們來說最重要的價值，是我們不惜一切都想得到的東西。

在關鍵時刻，講對話非常重要。喬瑟夫・葛瑞尼（Joseph Grenny）和凱瑞・派特森（Kerry Patterson）還專門寫了一本書《不可不知的關鍵對話》（*Crucial Conversations*），來討論相關策略。

當然，那本書的內容，會比我們在這裡提到的更詳細。不過其中涵蓋的一個主題，是如何把握機會，建立連結與達成協議。這就是所謂的**共通點**（common ground），我相信你一定聽過這個詞。

在進行關鍵對話時，有一個問題很值得思考（但其實在所有對話中都同樣重要）：**共通點是什麼**？就算你的政治（或其他議題）的立場，和另外一個人南轅北轍，那你們有哪些共通點？若能回答這個問題，就可以找出方法成為有用、有價值的人。

以我來說，我在思考這些面向時，這個問題就變成：**我們為何不把所有對話，都當成關鍵對話？**除非你們是要閒話家常，不然沒有理由不這麼做。畢竟，如果我們不這麼做，就會錯過一些事。由於我們通常不認為對話很關鍵，導致很多人在與他人建立連結時，遭遇麻煩。

我在這裡想到的是，就算其實那**不是**關鍵對話，我們用更開放或更投入的態度來面對，會有任何損失嗎？我們通常會去尋找看似理想的局面與情境，以展現最好的自己。但如果我們讓最好的自我（不管那是什麼）引領我們行動，那會如何？

如果你看到一盆盆栽正在凋萎，需要澆兩杯水。就算你手上只有一杯，這一杯水仍能幫到這盆盆栽。建立連結也是這麼一回事，就像替盆栽澆水一樣。就算在當下，你覺得自己沒有這麼多水，那也沒關係。另一方面，就算一個人很成功，通常難以投入足夠的心力，去孕育、滋養、照耀、澆灌與收穫自己的人際關係。

推動人生的骨牌：找到共通點，可以建構更深刻的連結。要做到這一點，就要找出你的核心信念。接著，根據你的價值觀，把更多對話視為關鍵對話。

要請你想一想的問題：以日常交流來說，有哪些對話是你會匆匆帶過的？如果你偶爾慢下來，找到新的建立關係方法，能發揮哪些影響力？

促成百萬美元商機，卻發現……

我之前提過，我和很多高階人士締結的關係，來自於多年來重複執行本書提到的各種方法。例如：學會以對方理解的方式溝通、當下提供價值等等，來為雙方建立起關係。

然而，即便你提供價值、並在各個社交場合遊刃有餘，但如果不是出自真心，或者周圍的人不欣賞你，也可能會帶來一些不利影響。

我曾經聯繫一位富裕的創業家談合作，用一些聰明的行銷方法，造福他的基金會。這份計畫包括，請其他商業人士和創業家，飛往這位企業家擁有的一處度假村。

我們的想法是，由於這位富裕創業家也在當地度假，我可以在那裡籌辦關於創業的「腦力激盪」活動，供訪客參加。這麼一來，訪客就可以接觸到這位企業家並進行對話，交換條件是他們要支付高昂的費用。

第一年，活動費用一人收四萬五千美元，夫婦則收取七萬五千美元，費用全包，所有活動都可以參加。這套方案馬上大獲成功。年底時，我們把所有利潤交給創業家，總共約五十萬美元，全都進到他的基金會。

多年來，我和團隊繼續帶人來到這個度假村。為了創造出高於轉租與分享利潤的價值，我也透過各種行銷與聯誼活動，聯繫了好幾千人，替他的組織和基金會募得幾百萬美元。

我所做的，只是我一直在做的事：廣納眾人，讓大家彼此交流認識。問題是，有的時候，這股能量並不如我期待中那樣互利互惠。

從我來看，我帶來的這些企業家，為這位富裕創業家創造了大量的價值和機會。在此同時，我也帶動了被引介者的事業發展。即便如此，這些作為和價值，都沒有讓這位創業家或他的團隊與天才網絡建立關係，他們也沒有加入會員。

最後，我直接問他們：「你們和我帶來的這些人之間的交流看起來很順暢，你們何不加入天才網絡？大家一起合作的話，可以做更多事！」

他們多半會說他們也很想，但從來沒有行動。後來我更發現，負責預定與規畫行程大小事的人，是我的助理尤妮絲。而創業家的團隊還支付了一五％的佣金，給一家什麼都沒做的旅行社！

雖然我和這位創業家仍維持友善的關係，但這段經驗讓我百感交集，最後我不再做這類行程了。我把這套模式與整體業務，交給了一個對此很有興趣的朋友。

我記得，幾年前，這位創業家為他的基金會，舉辦了一場熱鬧高調的募款活動，入場費非常昂貴，約有六百人共襄盛舉。其中大概有兩百人，是由我和我的團隊帶來的。在群眾裡，很多是和我有多年生意往來的高階創業家。

我和我的團隊一起幫忙籌辦活動，並被安排和創業家同桌。但令人驚訝的是，他的員工說，我們不能用創業家賓客的名義出席。反之，每個人都必須支付兩千五百美元，才有座位。

這場活動的重頭戲，是一場大型的昂貴收藏品慈善拍賣會，我鼓勵我請來的賓客出價。整體算起來，我和我的團隊帶來的人，貢獻了六成以上的拍賣銷售金額。

當晚活動結束時，創業家帶著微笑上台，感謝大家。在台上時，他一一點名場上每一位名人，請在場的每一個人，報以溫馨的掌聲和謝意。

這是一場大型活動，很多名人受邀擔任嘉賓，現場星光熠熠，氣氛相當熱鬧。當時我們不以為意，但後來我和團隊發現，這些出席嘉賓沒有一人支付入場費。

我在場上感受到被排擠，當晚以及之後的幾天，都覺得心有芥蒂。我看著會場上滿滿的人，這些人都是付了錢才得以進門，捐錢給我心目中的偉大志業，並盡可能面對面進行交流。然而，並不是每一個人都有相同的出發點。

我很痛苦地學到了這一課。原來，儘管有些人就在你眼前、與你當面交流，但仍然「心**不**在此」。

在生活中的每一面向，我們都會對於自己應該怎麼做、或情勢理當如何發展，懷抱理想與期待。然而，如果能掌控事情的走向，一切當然樂觀美好，可惜現實總是不盡如人意。

我們努力讓內心最渴望的事物成真，但有時候，不管有意無意，都會有不真實的自己冒出來，想要贏得好感或操弄他人。甚至，我們會因為希望從中獲得好處，而和自己平常不想打交道的人維繫關係。

這些時候，我們很可能仍遵循「當下就提供價值」或是「盡量實際交流」等原則，但卻是戴上了一層面具示人，而不是出於真心誠意。

「提供價值」與「和他人建立聯繫」，只是事情的一半。另一半是能量要在兩方之間循環不息，嘉惠彼此。這代表你要付出一些，而這股能量也必須**獲得回報**。

成為有貢獻的人，或是為別人提供解決方案、贈禮或展現幽默，自然就會有互惠關係。但通常前提是，你是**真心**這麼做。而要把這些事做對，重點是不要吝於付出時間、金錢、注意力和精力。要成為**付出者**，祕訣在於為正確的人付出，而不是任拿取者宰割。

所有成功的人到最後都會明白，等攀上頂峰之後，驅使你成功的動機和幹勁，不見得還能撐住你。即便功成名就，還是有很多人會暗中角力、進行權力鬥爭。

無論是誰，不管在什麼環境，都會發現有人為了舔舐自己的傷口與撫慰不安，把這些情緒發洩在別人身上。

在高階的成功人士圈裡，這意味著人們會對你很好，讓你感到舒服，但最終目的只是為了得到他們想要的東西。他們會讓你感覺自己是一分子，但實際上你永遠是圈外人。這也代表成功的人，必須在身邊築起厚實的防護牆，以防遭受這種對待。

我有朋友和知名導演結婚，有一次我們聊天時，她對我說，常有人請她參加活動，好像把她當成自己人一樣。但她幾乎都可以分辨出來，他們只是希望藉由她接近她丈夫。

這些人都只顧自己。他們在乎的，是和我的朋友建立連結之後，能為他們帶來什麼好處，從來沒想過她的情感或她對這些事的感受。

太多人試著利用她接近她的先生，時至今日，她已經能看得很透。這些觀察能力是很好的安慰獎，但以我個人淺見，受到該有的對待，總是比較好。

推動人生的骨牌：你有可能與人面對面交流、但又「心不在此」。請觀察你的人際關係和周遭氛圍，務必確認別人是真心待你，而非只是做做樣子。你也要避免在人際關係中，讓人感覺到虛偽不真誠，因為這只會使人更恨得牙癢癢。

要請你想一想的問題：上一次你跟對方相隔遙遠、但卻有對方就陪在你身邊的感覺，是什麼時候的事？同樣的，上一次你們明明面對面相處，但卻覺得對方離你好遙遠，是什麼時候的事？（附注：我聽過一種評論，指稱沒有人能「決定」你的感受。但有些人很強，確實可以改變氣場，讓你心生特定感受。）

做自己最好的朋友吧！

如果你明白，人際關係不能流於表面的社交互動、或制式的交流，就能達成正面的成果。而身體力行落實這個想法，又能帶你達到更高的層次。

我們可以這樣想：寫明信片給某人，或是發送生日祝福簡訊，可能會有正面效果，但還不是這項原則可以創造出的最大效益。你必須對上述概念照單全收，並當作處世方針，而非偶一為之。

你在任何時刻做了什麼事，這很重要。而積沙成塔後，名聲自然會建立起來，你也能成為大家心中，關心別人又有幫助的人。「當下提供價值」本身就是很棒的事，但能成為大家心目中隨時隨地都能提供價值的人，那又更好了。

簡單來說，你有多常拉近人們之間的距離，以及你如何做到這一點，都是很重要的事。

此外，你如何利用時間，也至關重要。而你選擇把時間花在誰身上，也很關鍵，就算你們只是在一起消磨時間。說到底，我們對於生命中不同的事物抱持熱情，而這些事物通常也是精力的來源，給我們足夠的能量，縮短和他人的距離。要是事情不如自己所願，我們也會需要用這些事物補充能量。

當你盡力「面對面」交流，你很可能犯錯、遭拒，或是說出不該說的話。出現這些狀況時，你有沒有能力修正，如道歉、從錯誤中振作，並繼續向前邁進，極為重要。而願意看清自己有可能走岔路，是很重要的自我覺察，你必須養成。

不管何時，你都要成為自己最好的朋友。你愈能當自己最好的朋友，愈能成為別人的好朋友、好父母、好夥伴、好丈夫、好太太、好手足，或任何角色！同時，對自己和他人寬容一點。你要知道，人生蛻變的幅度，取決於你有多在乎，以及多尊重自己。

然而，能讓你人生更美好的，並不是他人的價值體系，也不是靠別人說服你他們的方法才是對的。你要做的，就是檢視對你有用的做法，然後多做這些有用的事。請記住，重點不只是把事情做對，更要和對的人，去做對的事。

推動人生的骨牌：和人交流時，如果能讓溝通不只停留在基礎層次，對你大有幫助。然而，若能懂得自我覺察、發揮創意，把這個概念實踐在生活的各個面向，更有助於你取得最好的成果。

要請你想一想的問題：在日常生活中和他人溝通時，你會投入多少創意？你可以運用哪些方法，讓彼此的交流變得更精彩？

推動人生的骨牌：

- 要做到「**實際相處**」，代表要用各種可能的方法，**拉近人際關係中的情感距離。關係就像植物一樣**，需要不斷有關心、感激和交流的「雨露」澆灌，才能成長。
- 要給他人留下好印象，並讓對方覺得受到禮遇，**你要做功課**。不要在沒有替對方創造價值之前，先要求別人替你做事，也不要一副「我有權要求」的態度。請盡你所能地了解對方，讓對方看到你很在乎。**一旦你讓別人感**

覺受到優待，就替人際關係奠下了絕佳的基礎（但良好的人際關係，必定是互惠的）。

- 讓別人覺得受到禮遇與欣賞，是建立連結的好方法。但同樣重要的是，要知道哪些事不可做。雖然沒有「正確」的行事方式，**但要選擇去做讓別人會想靠近你、而不是遠離你的事**。
- **找到共通點，可以建構更深刻的連結**。要做到這一點，就要找出你的核心信念。接著，根據你的價值觀，**把更多對話視為關鍵對話**。
- **你有可能與人面對面交流、但又「心不在此」**。請觀察你的人際關係和周遭氛圍，務必確認別人是真心待你，而非只是做做樣子。你也要**避免在人際關係中**，**讓人感覺到虛偽不真誠**，因為這只會使人更恨得牙癢癢，並造成自信心低落的問題。
- 和人交流時，如果能**讓溝通不只停留在基礎層次**，對你大有幫助。然而，若能懂得**自我覺察**、**發揮創意**，把這個概念實踐在生活的各個面向，更有助於你**取得最好的成果**。

演練與行動步驟

寫下「天才網絡自介卡」

在天才網絡小組裡，有時候在活動上，我們會請大家先填妥一份簡單的自介卡，之後才進行各式各樣的互動交流與社交活動。事實上，這項演練要歸功於一位世界級的演講人、演說教練與天才網絡會員——喬爾，是他把這套做法，引介給天才網絡。這看起來或許很簡單，我們之所以去做，是因為這可以讓會員盡可能以**面對面**的方式交流，而且當下就提供價值。

而你在撰寫自介卡時，請回答以下問題：

一、**先寫下姓名，然後寫出你擁有的事物**：在和別人交流時，你擁有哪些對別人來說，很寶貴的事物？答案可以是實質物品，也可以是情感上的事物，但它必須傳達出你待人處事的核心價值，不僅貫穿你所做的一切，也指向了你要追求的理想。

二、**寫下你可以付出什麼**：擴充前一題的答案，以你擁有的東西來看，你可以為別人提供什麼？你可以為別人創造什麼經驗？

三、**寫出你想得到什麼**：基於上述兩題的答案，綜合來看，對於你的啟發是什麼？如果你描述的是自家公司的產品，你的企業為他人創造哪些**成果**？如果你寫的是情緒特質或價值觀，在與人互動時，這又有帶來哪些正面**效果**？

四、**寫出你需要哪些協助**：無論自身有多棒，每個人都需要幫助。就好比前三題的答案，沒有人會跟你寫得一模一樣，每個人能貢獻的技能都不同。因此，別人也可以補足你所欠缺的部分，彼此相輔相成。

舉例來說，以下就是我寫的自介卡：

我是喬．波力士。

我有兩個高階小組，十萬美元小組和天才網絡……

……能讓人們有機會，透過具有影響力的討論和強力的連結，打造出「小精靈」型的企業……

……讓他們獲利更豐厚、爭取到更好的客戶與建立出更神奇的連結，經營出不凡的人生。

我希望能有人幫忙擴大我的天才康復平台（Genius Recovery）。

把這些資訊彙整到同一處，時時放在心上，在實際與人交流時，就很難不全心全意了。

你認識自己嗎？找出「核心價值」練習

我們在第三章談到核心價值觀。你的核心價值觀，可以強而有力地幫你找到締結深入關係的共通點。因此，此時非常適合你用全新的眼光，來檢視對你來說最重要的事物。請做一做以下這個簡單的練習：

一、**拿一張紙做個腦力激盪，寫下生命中有哪些事，是你不惜犧牲自己，也要捍衛的人（或事物）**。這些對你來說為何重要？有沒有哪些答案，讓你自己也嚇一跳？

二、**根據上一題的答案，找出這些事物當中，最重要的項目**。在你整理出新清單時，是否有依循的原則或「規則」？

三、**一旦你找到最重要的事物，請往回推：這些事物反映了你的什麼信念？**一個會為了你寫出來的事物，而不惜犧牲的人，抱持的是哪些信念？他們在乎什麼？他們不在乎什麼？

身而為人，這份練習，可以幫助你找到自己所抱持的核心價值觀。而找到核心價值後，更有助於你發掘與他人的共通點，並在相處中不斷思考一個核心問題：**對方能從中獲得什麼好處？**

結語

推動「骨牌」，讓你的人脈力再進化

我在戒毒時，目標是要保持身心健康，並以有道德的行銷策略，扭轉整個產業，打造出成功的企業（我做到了），然後減少創業家遭受的痛苦，同時盡可能以符合人性的方式，身體力行我的信念。這套辦法對我來說很有用，也讓我清楚知道，相比之下，某些商業手法會更有價值。

儘管「成為佼佼者」和「別人願意買你的專業」之間，並沒有太大關聯。但「成為佼佼者」、「當個好行銷人」和「別人願意買你的專業」這三者之間，卻有必然關係。

我很幸運能生在一個偉大的國家，並接觸到能讓我的人生大不相同的知識。我不斷地追尋最好的知識與關係，帶領我來到今天這番局面。我很努力學習、培養與應用這些技能，才讓我有今天的成就，我不想輕描淡寫帶過。而我也希望做了該做的事，好好在本書中傳授這些技能。

我一生中，有賺錢也有虧錢，並遇到很多啟發了我的人，經歷過許多痛苦或讓人興奮的經驗，也和很多人締結了關係，把我的影響力散播得更遠。但不管是誰，這麼努力走這麼久都會很疲憊，我也不例外。

二〇二一年，我宣布要放自己長假，這本書大致上就是這段停工期的產物。

就我記憶所及，一直以來，我馬不停蹄地奮力向前衝，不斷尋求刺激，並投入各項專案與人際關係。在這當中，我遠離了身為行銷人與文案撰稿人的根，基本上我也不再寫東西了（總是收到我的語音備忘錄的朋友，可以替我作證）。過程中，我發現一件事：寫下人生中學到和商業與人際關係相關之事，是很好的反省方法。

大約一年前，我放下工作和業務繼續寫這本書。但我對於自助與行銷產業，以及很多世人景仰的領導者（所謂的「成功」人士），感到有點幻滅。當時，我的成就已超越我能想像的程度了，但我的人生也變得更加複雜。此外，我也在處理悲痛，因為有幾位對我的人生來說最重要的人，意外過世。

不過，我還是想為世上真正了不起的協助者和付出者做點什麼，並繼續向前邁進。但從某些方面來說，我覺得我已經迷失方向。我想有所改變，但不確定要從哪裡下手。其間，爆發新冠肺炎疫情，很多人丟掉飯碗、失去摯愛，還有讓大眾摸不著頭緒的前後矛盾的媒體報導、模糊不清的施政方針、政治計算、大規模的洗腦宣傳戰等各種現象，我生平第一次，那麼清楚地看到種種現象，在生活中輪番上演。

日子過著過著，在二〇二〇年與二〇二一年，（美國與全球大部分的地方）很多家人與朋友無法見到彼此，不能去他們最喜歡的地方，也無法和摯愛的人共度美好時光。很多人也在這時，開始進行自我評估與反省。各地的人們（社群媒體上也常見）開始思考自己是否做對了選擇，是否過著有意義的人生，也有些人非常憂鬱、有自殺傾向、寂寞孤獨，還染上各種癮頭。

這個我度過大半生的世界，已經失常了。我想，很多人也同意，他們的世界發生了相同的情況。

在後疫情時代，我們面對的是打著意識形態之爭的世界。社群媒體公司及其演算法，讓人們比過去更疏離、更分裂。大家比從前更不信任每一件事，更忘了怎麼尋找共通點、怎樣和彼此對話與攜手努力。

回首我去年初的生活，我很感激我擁有的一切，但筋疲力竭的感覺也悄悄出現。我開始質疑我做的決定、投入精力經營的人際關係，以及我過去並沒有強力堅持的個人界線。

各相關單位發出許多不明確、而且通常不坦誠的指引，讓很多人的生活變得更辛苦，這點讓我很受不了。最讓我難過的是，這些辛苦的人多半都是經濟弱勢，很難撐過那些有權有勢的人製造出來的艱苦局面。很多領導者把個人利益，放在受苦受難人民的利益之前，這非常不道德。

雖然我在疫情期間放長假，聽來有點諷刺，但就像很多人一樣，這次的經驗也讓我有所覺醒。

看到朋友、親人、社群與全世界的人們之間距離愈拉愈大，我想起我這一路上做了哪些事，也想起我是什麼樣的人：我把人們拉在一起，並讓人們**建立起連結**。

人很容易受到野心蒙蔽或反噬，人生中本來就有很多階段，有時候要放膽「追求」，有時候則要收斂反省。我想我有一陣子失去了能量，但現在我覺得能量又回來了。

我在本書一開始就講過，**我很清楚，我想寫的不只是如何增進能力而已，也強調人格特質**。

我帶著新觀點重返這個世界，而我希望這本書能幫助你了解自己的人格特質，以支持你的企業、你的人際連結和你個人的成長。我希望，對於想要創業的人來說，本書能成為第一塊「骨牌」。而對於已經成為創業家、但仍在發展與建構人生意義的人來說，期許本書也能幫上一點忙。至於我自己，我希望人生下一個篇章的焦點，是放在能拋磚引玉，引出更多付出者，並成為一股力量，保護付出者不受拿取者的傷害。我要繼續以更體貼、有策略且意圖明確的方式去做事，希望持續帶動天才網絡向前邁進。我也期望能推動「藝術家的癮頭」、「天才康復平台」，以及我的虛擬實境公司「天才X」等計畫，花更多時間協助人們戒癮。嘿！我甚至買下位於亞利桑那州、一座約近四萬九千坪的廢城——克利特鎮，我和幾個朋友正在重建此地，詳情請參閱網站（www.WhatsYourCleator.com）。

我希望從事更多創意工作，就像我和阿基拉以及電影界其他人士所做的「藝術家的癮頭」計畫。這些故事能打動人們的心，同時也能募得資金，並有催化作用，帶動重要志業。

某種程度來說，我也想要分享更多我的背景，包括我如何戒斷各種癮頭，以及我的早期人生經歷，它們造就了今天的我（天才網絡及十萬美元小組會員得凡．帕特爾〔Devang Patel〕和贏得艾美獎的製作人尼克．南頓〔Nick Nanton〕，拍過一部關於我的人生的電影《搭上線：喬．波力士的故事》〔*Connected: The Joe Polish Story*〕，裡面就講了很多）。

寫作這本書讓我學到，即便事物的表象改變了，本質依然如故。例如：

人想要和他人建立連結。

人想要感覺自己很特別、受到別人關懷。

人想要獲得別人的感激欣賞。

人希望解決自己的問題。

如果你在乎別人，而且可以解決他人的問題（這表示你理解「**別人**能從中獲得什麼好處」），你能夠創造的成就，或是你在自己身上能找到的平靜與歡愉，將無可限量。

放了人生長假後，我學到……

二〇二一年，我放了一年長假，這為我帶來很多洞見，也讓我好好思考從中學到的心得。以下是我要分享的體悟。如果你想要檢視我從人生長假中，得出的超過三十五條心得，以及附帶的更詳細說明，或者想要看看我針對這一年所知所學的分享，請上：www.JoesSabbatical.com。

- 放長假時沒有規矩，你就去做你想做的事。
- 要願意銷毀生命中不夠出色的事物。
- 追逐幸福會趕跑幸福。
- 不上社群媒體，會比閱讀社群媒體上的名言錦句，更有益大腦健康。
- 放下已經學過的東西，比學習更困難。

- 失去之前，你不會明白獲得了什麼。同樣的，你也要等到脫離一陣子之後，才會知道你忍受了多少胡說八道。
- 一旦不用擔負商業決策，做起個人的決策就會輕鬆很多。

參考資源

還記得嗎？我在本書一開始就提過，我們設定了很簡單的方法，讓你可以取得書中提到的各種資源、工具和練習。

請用手機掃描以下QR code，就會直接導引你來到資源網頁：www.WIIFTbook.com/resources。

致謝

寫這本書，是一趟始於幾年前的漫長旅程。當時，我請了里德・崔西（Reid Tracy）、塔克・麥克斯（Tucker Max）和史考特・霍夫曼（Scott Hoffman）來我的天才網絡十萬美元小組演說，這是啟動一切的那一塊骨牌。全球疫情干擾了我的寫作過程，我能完成，全都要感謝很多人的努力。

感謝Hay House出版社的全體同仁，包括崔西、帕蒂・吉福特（Patty Gift）和我的編輯安・芭瑟爾（Anne Barthel），她很努力維持專業，而這一路走來，她更見機鋒，也更有趣。感謝我的經紀人霍夫曼，是你想出原始的書名，適切傳達了我這一輩子大部分時候在做的事。感謝卡內基，他的《人性的弱點》是我這一路上很重要的靈感。

感謝在本書各個階段，幫我撰寫與編輯各版草稿的人，包括推動初始提案的麥克斯，還有一開始花了很多時間訪問我的哈爾・克里佛（Hal Clifford），是他幫我寫出初稿。

感謝JR幫忙我創作第二版，並加入了很多我的人生經歷與故事。

感謝狄恩和我一起主持Podcast《我愛行銷》。

感謝安娜・大衛（Anna David），在我和哈爾・埃爾羅德（Hal Elrod）合寫的《上班前的關鍵1小時》（*The Miracle Morning*）系列裡，和我合寫一本關於戒癮的書，並幫我引介萊恩・阿利亞波里斯（Ryan Aliapoulios），促成了一次很棒的合作，最終讓我們寫出完稿，出了一本書。沒有這麼多人的幫忙和努力，我一個人無法完成。就連我在寫這篇〈致謝〉時，都是和萊恩以及尤妮絲・米勒一起合作，尤妮絲是我了不起的助理，我倆共事已二十七年。你們兩位幫我幫到最後一頁，讓我能夠抵達終點線。但願從這裡開始，一切都會變得輕鬆、有錢賺又有樂趣！

感謝班傑明・哈迪犀利的寫作與編輯技巧，並能切中要旨，讓內容更加易讀。你真是人類的珍寶！我也要感謝空張文化設計小組（Gapingvoid Culture Design Group）的創意團隊，設計本書原文書封面。

雖然說謝謝完全不足以表達我的感激，但容我向尤妮絲再道一聲謝。過去二十七年來，妳為我的人生與事業、以及為我們這麼多客戶的人生與事業帶來的貢獻，非筆墨所能形容，我得再寫一本書才能說得完。過程中每一個階段都有妳幫我，長久以來，妳更是我的事業與生命中最得力的左右手。

感謝現任的食人魚行銷與天才網絡團隊，在我放長假期間，幫忙經營公司，也感謝各位每天所做的重要工作，謝謝吉娜·迪容（Gina DeLong）、拉金姆·基爾尼（Rahkeem Kearney）、雀兒喜·魯瑟蘿（Chelsea Lucero）、凱文·汪達（Kevin Vanda）、丹尼絲·曼茵泰（Denise McIntyre）、蘿倫·柯特絲（Lauren Cortes）和蘿倫·坎農（Lauren Cannon）。我也要感謝提摩西·鮑森（Timothy Paulson），我們已經共事二十年，雖然你說你要退休，但我才不信！

感謝丹·蘇利文和芭布絲·史密斯創造出策略教練計畫。我從一九九七年起就是兩位的客戶，你們兩位也成為我的摯友。我們一起影響了成千上萬人，我無法想像未來的十年會是什麼模樣。

感謝所有提供見解、故事和洞見的人（有時候則是同意我使用他們的思想成果），為我帶來許多靈感與啟發（他們多半都是我很親近的友人，其中還有很多是暢銷書作家），或用其他方式發揮重大力量，讓本書得以成功的人們，包括桑默・穆德（Summer Mulder）、安妮・拉勒、哈維・麥凱、蓋瑞・巧門、珍妮佛・胡德（Jennifer Hudye）、愛德華・哈洛韋爾醫師、王雪莉、麥可・費雪曼（Michael Fishman）和艾琳・葛拉斯（Elaine Glass）、羅伯特・席爾迪尼、博貝特・戈登（Bobette Gorden）、史提夫・辛姆斯（Steve Sims）、克里斯・佛斯、ＢＪ・福格、尼爾・史特勞斯、肯恩・威爾士和大衛・巴哈。

感謝每一位讀過本書早期版本以及替我背書的人，有些人前面已經提過了，我要在此感謝薇多莉亞・拉巴姆（Victoria Labalme）、傑佛瑞・馬多夫（B. Jeffrey Madoff）、史蒂芬・帕斯菲爾德（Steven Pressfield）、羅蘭・弗瑞瑟（Roland Frasier）、保羅・喬森（Paul Johnson）、李伊・班森（Lee Benson）、克瑞格・克萊門斯（Craig Clemens）、麥克・克尼格斯（Mike Koenigs）、戴夫・亞斯普雷（Dave Asprey）、傑森・佛拉德林、凡爾納・哈尼什（Verne Harnish）、克瑞格・佛提（Craig Forte）、湯尼・羅斯（Tony Rose）、雷・庫茲威爾、嘉瑞特・岡德森

（Garrett Gunderson）、蘿拉・卡特拉（Laura Catella）、布萊恩・克爾茲（Brian Kurtz）、吉姆・德（Jim Dew）、吉姆・快克（Jim Kwik）、傑・亞伯拉罕（Jay Abraham）、史帝夫・歐贊尼赫（Steve Ozanich）、葛瑞格・拉格蘭（Greg Ragland）、麥可・費雪曼、崔西・柴德斯（Tracy Childers）、麗莎・瓦格娜、蓋伊・戴格諾特（Guy Daigneault）、卡麥隆・赫洛爾德（Cameron Herold）、衛斯理・克瑞斯（Wesley Kress）、阿南德・杜加（Anand Dugar）和馬克・塔貝爾（Mark Tarbell）。

感謝十萬美元小組以及天才網絡全體會員。不管是任何問題，只要有正確的天才網絡，都可以解決。過去十年來，我們化解了成千上萬的問題，未來也還有更多問題在等著我們。

我想向天才X團隊公開致意，包括尼克・傑尼奇（Nick Janicki）、萊爾・麥森（Lyle Maxson）、吉賽兒・薇恩（Gisele Wyne）、麥克・杜德立（Mike Dudley）和李伊・班森。我們之後很可能把製作這本書的過程，轉化成虛擬實境。

特別感謝和我一起合作、對「天才康復平台」和「藝術家的癮頭」等專案貢獻良多的各位，包括陳阿基拉和芮妮・艾雅（Renee Airya）、安德烈・諾曼、咪咪・

德（Mimi Dew）、嘉柏・麥特（Gabor Maté）、比爾・菲力普斯、裘恩與蜜西・布區夫婦、麗拉・帕妮雅恩（Leila Parnian）、湯尼與瑪莉・米勒夫婦（Tony and Mary Miller）、賈許・貝索尼（Josh Bezoni）、蘇珊・波特潔（Susan Potje）、喬・伍德佛（Joe Woodford）、艾琳・瑪特洛克（Erin Matlock）、尼克・皮特森（Nic Peterson）、肯恩・威爾士和布瑞特・考夫曼（Brett Kaufman）。感謝許多從事戒癮復原的激勵人心導師，包括比爾・W（Bill W.）和鮑博醫師（Dr. Bob）、派翠克・卡恩斯醫師（Dr. Patrick Carnes）、湯米・羅森（Tommy Rosen）、提姆・林哥德、狄安娜・亞當森（Deanne Adamson）、丹・恩格爾醫師（Dr. Dan Engle）、馬汀・波藍可醫師（Dr. Martin Polanco）、摩根・藍根（Morgan Langan）和普瑪・聖安琪兒（Puma St. Angel）。

感謝在我們所擁有的、約近四萬九千坪的廢城——亞利桑那州克利特鎮一起努力的夥伴，包括傑森・坎貝爾（Jason Campbell）、麥克・李歐尼（Mike Leoni）和班恩・胡戴（Ben Hudye）。這絕對是一場冒險，我們也把這項工作變成了天命！

還有很多朋友與作者我尚未一一感謝，是他們幫助我把「小精靈」型的人生與企業哲學化成現實，包括拉瑪妮・杜瓦蘇拉博士、得凡・帕特爾、肯恩・葛力克曼、布萊恩・崔西（Brian Tracy）、羅勃・林格、保羅・羅斯（Paul Ross）、克雷格・巴倫泰因（Craig Ballantyne）、湯尼・波利西（Tony Policci）、史凱勒・艾倫・帕爾（Skyler Allen Parr）、鮑伯・柏格（Bob Burg）、約翰・薩爾諾（John Sarno）、丹尼爾・亞曼醫師（Dr. Daniel Amen）、惠特妮・瓊斯（Whitney Jones）、阿里・梅塞爾（Ari Meisel）、薩勤・帕特爾博士（Dr. Sachin Patel）、大衛・伯格（David Berg）、鮑伯・馬可維茲（Bob Markowitz）、珍奈特・阿特伍德（Janet Attwood）、吉諾・維克曼（Gino Wickman）、艾利克斯・曼多希恩（Alex Mandossian）、萊斯・布朗（Les Brown）、凱斯・康寧漢、布萊恩・凱伊（Brian Kay）、喬・斯坦普夫（Joe Stumpf）、德瑞克・西佛斯、布萊特・威爾森（W. Brett Wilson）、伊夏安・高爾（Ishan Goel）、馬丁・浩維（Martin Howey）、蓋瑞・班希明加（Gary Bencivenga）、提姆・拉金（Tim Larkin）、派瑞絲・拉普洛波洛斯（Parris Lampropoulos）、班恩・阿塔東納（Ben Altadonna）、奇普・威爾森（Chip Wilson）、布萊恩・斯庫達默（Brian Scudamore）、派翠克・傑坦普（Patrick

Gentempo）、傑夫・海斯（Jeff Hays）、羅賓・羅賓斯（Robin Robins）、瑪莉・佛萊奧（Marie Forleo）、王威利（Wally Wang）、帕蒂・瑪拉（Patti Mara）、芭芭拉・漢斐爾（Barbara Hemphill）、傑夫・史密斯（Jeff Smith）、丹・甘迺迪（Dan Kennedy）、彼得・戴曼迪斯（Peter Diamandis）、伊本・帕岡、喬爾・威爾登、約翰・卡爾頓（John Carlton）、泰芮・蘿妮爾（Terri Lonier）、尼克・南頓、埃文・卡邁克爾（Evan Carmichael）、JP・席爾斯（JP Sears）、尼克・索納柏格（Nick Sonnenberg）、阿麗珍卓・萊波維琪（Alejandra Leibovich）、約翰・雷蒙斯（John Raymonds）和安妮・海曼・普拉特（Annie Hyman Pratt）。另外還有許多也應該在此一併感謝的人，但人數太多了，要列完整的話，這本書恐怕得多加一章！請理解，我非常感激所有影響我的人，希望各位都知道我指的就是你。

我也要謝謝一路上陪伴我的朋友，也懷念我失去的友人，包括蓋瑞・哈爾伯特、戴夫・克基區、馬克・施耐德（Mark Schneider）、喬・修格曼（Joe Sugarman）、納撒尼爾・布蘭登博士（Dr. Nathaniel Branden）、珍妮絲・多恩博士、西恩・史帝文森博士以及我的父母。各位不僅深深影響了我的人生，也在世上留下印記。

非常感謝所有付出者，沒這麼感謝拿取者。但世界上每個人都有天命，有些人可能是暫時要成為不好的例子。我盡力從每一件事當中學習。

最後，十分感激在我惡劣相待時，仍對我抱以耐心和善意的每一個人。我們通常用自己的意圖來判斷自己，用他人的行動來判斷他人，非常感謝各位反其道而行！

我承諾會盡力實踐這本書講的道理，幫助他人經營出「小精靈」型的人生與企業，並不斷自問：「對方能從中獲得什麼好處？」

超強人脈養成

作　　者　喬・波力士（Joe Polish）
譯　　者　吳書榆
主　　編　呂佳昀
助理編輯　楊宜臻

總 編 輯　李映慧
執 行 長　陳旭華（steve@bookrep.com.tw）

出　　版　大牌出版 / 遠足文化事業股份有限公司
發　　行　遠足文化事業股份有限公司（讀書共和國出版集團）
地　　址　23141 新北市新店區民權路 108-2 號 9 樓
電　　話　+886-2-2218-1417
郵撥帳號　19504465 遠足文化事業股份有限公司

封面設計　FE 設計 葉馥儀
排　　版　新鑫電腦排版工作室
印　　製　博創印藝文化事業有限公司
法律顧問　華洋法律事務所　蘇文生律師

定　　價　480 元
初　　版　2023 年 10 月

電子書 E-ISBN
9786267305911 (EPUB)
9786267305904 (PDF)

國家圖書館出版品預行編目資料

超強人脈養成 / 喬・波力士 (Joe Polish) 著 ; 吳書榆 譯 . -- 初版 . --
新北市 : 大牌出版 , 遠足文化發行 , 2023.10
360 面 ;14.8×21 公分
譯自 : What's in it for them
ISBN 978-626-7305-92-8 (平裝)
1. CST: 人際關係　2.CST: 人際傳播　3.CST: 成功法

177.3　　112013423